Bibliografische Information der Deutschen Nationalbibliothek:

Die Deutsche Bibliothek verzeichnet diese Publikation in der Deutschen Nationalbibliografie; detaillierte bibliografische Daten sind im Internet über http://dnb.d-nb.de/ abrufbar.

Impressum:

Druck und Bindung: Books on Demand GmbH, Norderstedt Germany
ISBN: 9783668748248

Dieses Buch bei GRIN:

https://www.grin.com/document/429061

Max Holzer

Klassisches Projektmanagement. Grundlagen, Phasen und praktische Anwendung

GRIN Verlag

Hochschule Flensburg

Flensburg University of Applied Science

Klassisches Projektmanagement

Veranstaltung: Organisation von IT-Projekten

Master Business Management WS 17/18

vorgelegt von:

Max Holzer

Abgabedatum: 30.10.2017

Inhalt

I Abbildungsverzeichnis

II Tabellenverzeichnis

III Abkürzungsverzeichnis

Bzw.	beziehungsweise
Ebd.	Ebenda
f.	folgende
ff.	fortfolgende
o.D.	ohne Datum
o.V.	ohne Verfasser
u.a.	und andere
Vgl.	Vergleich
z.B.	zum Beispiel

1. Einleitung

1.1 Problemstellung

Zu Beginn dieser Ausarbeitung soll der Frage nachgegangen werden, warum in der heutigen Geschäftswelt immer häufiger auf das Instrument des Projektmanagements zurückgegriffen wird und warum es dafür nötig ist, die klassischen und geschichtlich gewachsenen Hierarchiestrukturen in Unternehmen zu hinterfragen.

„Projektmanagement ist ein Instrument, welches das Überleben des Unternehmens im Wettbewerb sichert.“[1]

Einen Wettbewerb zwischen verschiedenen Ländern und insbesondere zwischen Unternehmen, die sich auf ähnliche Branchen konzentrieren, gibt es bereits seit Zeiten, in denen es scheinbar noch keine Notwendigkeit für die Implementierung eines Projektmanagements gegeben hat. Der Wettbewerb der heutigen Zeit unterliegt hingegen einem stets rasanter werdenden Wandel, hervorgerufen durch makroökonomische und gesellschaftliche Trends auf der einen Seite aber auch durch einen sich immer weiter beschleunigenden technologischen Fortschritt auf der anderen Seite. Hieraus resultieren daher auf technologischer Seite immer kürzer werdende Produktlebenszyklen, die permanente Neuentwicklungen von Produkten erfordern. Zudem steigt im Zuge der Globalisierung die weltweite Distribution und Fülle von Wissen sowie die kulturelle und persönliche Vielfalt.[2]

Zusammenfassend kann daher festgehalten werden, dass der Wettbewerb sowie das Kundenverhalten und damit auch das unmittelbare Umfeld der Unternehmen, komplexer und dynamischer geworden sind.

Die dem Projektmanagement zugrundeliegende Aufgabe, nämlich die Bewältigung von komplexen Vorhaben, die in der Regel eine Vereinigung von interdisziplinärem Wissen erfordern[3], findet daher Anwendung in der heutigen Wirtschaft. Der Ansatz des Projektmanagements könnte hierbei als revolutionärer Umbruch der hierarchischen Organisationsformen in Unternehmen gesehen werden. Die Arbeit im ausgehenden

---

[1] Litke (2005), S.6
[2] Vgl. Bea, u.a. (2011), S.3
[3] Vgl. Kerzner (2009), S.2

20. Jahrhundert war geprägt durch „Funktionsspezialisierung, Aufgabenteilung, Kompetenzabgrenzungen und Einzelentscheidungen [...]"[4], in der Regel in klar definierten hierarchischen Systemen. Diese starren Systeme verhindern häufig eine direkte Kommunikation und führen somit zu einer Entscheidungs- und Umsetzungsträgheit.

Somit stehen dem zunehmend dynamischen und komplexen Unternehmensalltag steife Strukturen in der Organisation von Unternehmen entgegen. Daher vollzog und vollzieht sich immer noch ein Wandel hin zu einer Kultur des Projektmanagements, um flexible, kreative und innovative Lösungen für die sich rasant ändernden Kundenerwartungen zu bieten. Das Projektmanagement soll als Instrument und Managementmethode für Unternehmen und ihren Wandel verstanden werden, um die gewünschte strategische Position auf dem Markt zu erreichen und zu halten.[5]

1.2 Aufbau der Arbeit

Im ersten Kapitel, der Einleitung, sollen dem Leser die Gründe für den Wandel von einer hierarchisch geprägten Unternehmensorganisation hin zu einer flexiblen, durch Projektarbeit geprägten Arbeitsweise dargelegt werden.

Im Anschluss folgen Definitionen der wichtigsten Begrifflichkeiten, um eine gemeinsame Wissensbasis für die darauffolgenden Kapitel zu schaffen, bevor im dritten Kapitel die Phasen des Projektmanagements vorgestellt werden. Die einzelnen Phasen sind hierbei in sachlogischer Reihenfolge aufgeführt, d.h. sie spiegeln den zeitlichen Ablauf von Projekten in der Unternehmens- und Projektmanagementpraxis wieder. Dem Leser sollen in diesem Kapitel die wichtigsten theoretischen Grundlagen zu den essentiellen Phasen des Projektmanagements vermittelt werden.

Das vierte Kapitel befasst sich mit den verschiedenen Standards von Zertifizierungen im Projektmanagement. Einleitend wird der Frage nachgegangen, warum Zertifizierungen als Projektmanager im heutigen Arbeitsumfeld stetig an Bedeutung gewinnen. Anschließend werden die verschiedenen Organisationen und ihre Projektmanagementzertifizierungen vorgestellt.

---

[4] Heintel; Krainz (2011), S.2
[5] Vgl. Bea, u.a. (2011), S.4

Neben empirischen Untersuchungen im Rahmen des Projektmanagements sollen im fünften Kapitel Beispiele aus der Praxis herangezogen werden. Zu Beginn stehen Faktoren für erfolgreiche bzw. gescheiterte Projekte, die mithilfe empirischer Untersuchungen erfasst wurden, im Fokus. Anhand dieser Faktoren werden die im Anschluss folgenden Projektmanagementbeispiele bewertet.

Im sechsten Kapitel wird das theoretische Wissen genutzt, um eine Praxisanwendung für das Projektmanagement vorzustellen. Mithilfe der Software Microsoft Project (MS Project) wird dem Leser vermittelt, wie Projekte in der Praxis zu planen und umzusetzen sind.

Den Abschluss dieser Arbeit bilden die Zusammenfassung der vorgestellten Thematik und ein Ausblick über die Entwicklung im Projektmanagement im siebten Kapitel. Hierbei soll vor allem auf die Frage eingegangen werden, welche Relevanz das klassische Projektmanagement zukünftig in Hinblick auf alternative Projektmanagementsysteme haben wird.

1.3 Ziel der Arbeit

Grundlegend sollen durch diese Ausarbeitung zwei Ziele erreicht werden. Zum einen werden dem Leser im dritten Kapitel die theoretischen Grundlagen eines stringenten Projektmanagements vorgestellt. Diese Grundlagen dienen dazu, ein Verständnis für die spätere Arbeit in einer projektorientierten Unternehmensumwelt zu erlangen. Konkret sind damit Kenntnisse über die Inhalte der einzelnen Phasen des Projektmanagements gemeint. Um diese Kenntnisse zu vertiefen, werden im fünften Kapitel zuerst Praxisbeispiele genannt, die dem Leser aufzeigen, welche negativen finanziellen Auswirkungen Projekte haben, die aufgrund mannigfaltiger Gründe gescheitert sind. Im sechsten Kapitel folgt dann schließlich der Übergang zum zweiten Ziel der Arbeit, die praktische Anwendung der erworbenen theoretischen Kenntnisse im Programm Microsoft Project. Diese Dualität zwischen theoretischen Modellen bzw. Projektmanagementphasen und praxisbezogenen Beispielen sowie Anwendungsmöglichkeiten soll es dem Leser ermöglichen, ein Grundlagenwissen für die spätere Arbeit im Projektmanagement zu erlangen.

2. Grundlagen des Projektmanagements

In diesem Kapitel werden die Begriffe „Management“, „Projekt“ und „Projektmanagement“ definiert, um dem Leser der Arbeit ein Grundlagenwissen zum Thema klassisches Projektmanagement zu vermitteln. Dieses ist erforderlich um den nachfolgenden Kapiteln folgen zu können.

2.1 Definition Management

Der Begriff Management stammt ursprünglich aus dem Lateinischen und bedeutet zu Deutsch „mit der Hand führen“.[6] Das Management von Unternehmen und Organisationen bezieht sich auf Aspekte der Führung und Leitung in bestimmten Verantwortungsbereichen. Es wird als Koordination arbeitsteiliger Aktivitäten verstanden, die auf bestimmte Ziele ausgerichtet sind und mit sparsamen Mitteleinsatz erreicht werden sollen.[7]

Als Manager werden obere Führungskräfte eines Unternehmens bezeichnet, die in verschiedenen Bereichen einer Unternehmung, wie beispielsweise der Personalwirtschaft, Beschaffung, Verwaltung und Finanzierung, ihrer Führungsaufgabe nachgehen. Die Führungsaufgabe erstreckt sich dabei auf die Bereiche der Planung, Realisierung und Kontrolle. Während zur Planung die Definition der Probleme und Aufgaben sowie die Zielsetzung, Alternativplanung und Entscheidung zählen, umfasst die Phase der Realisierung die Organisation, Information, Kommunikation und Koordination der Mitarbeiter eines Unternehmens. In der Phase der Kontrolle gibt ein Manager seinem Team Rückmeldungen und führt Soll-Ist-Vergleiche für die weitere Planung und Steuerung durch.[8] Damit trägt der Manager Verantwortung für die Unternehmung, um die weitere Existenz dieser sicherzustellen. Er ist im übertragenden Sinne für den Fortbestand des Unternehmens verantwortlich.

2.2 Definition Projekt

Der lateinische Ursprung des Wortes „Projekt“ lautet „proiectum“ und bedeutet übersetzt „das nach vorne geworfene“. Die Übersetzung deutet bereits an, worum es sich

---

[6] Vgl. Weatherly (2009), S.2
[7] Vgl. Diethelm (2000), S.1
[8] Vgl. o.V. (2007), aufgerufen am 08.10.17

bei Projekten handelt.[9] Projekte sind besondere und außerroutinemäßige Vorhaben im Unternehmen, die zukunftsorientiert sind und mit dem Ziel initiiert werden, Ergebnisse zu erzielen.[10] Eine gute und verständliche Definition des Begriffes „Projekt", findet sich in dem Buch „Projektmanagement" von F.X. Bea, S. Scheurer und S. Hesselmann wieder. Hier wird ein Projekt als Vorhaben beschrieben, das zeitlich befristet ist, sich durch Neuartigkeit und Einmaligkeit auszeichnet sowie eine beachtliche Größe und einen hohen Grad an Komplexität aufweist. Diese Definition enthält fünf wichtige Merkmale eines Projektes, die nachfolgend näher beschrieben werden, um das Verständnis des Lesers für den Begriff „Projekt" zu verbessern. Dieses ist für den späteren Verlauf dieser wissenschaftlichen Arbeit unerlässlich.

1. Zeitliche Befristung:

Für ein Projekt wird von Anfang an ein geplanter Start- und Fertigstellungszeitpunkt festgelegt, sodass es immer zeitlich befristet ist. Dabei muss der Abschluss eines Produktes und eines Projektes nicht auf den gleichen Zeitpunkt terminiert sein. Beispielsweise kann das Projekt abgeschlossen sein, wenn ein Produkt von der Entwicklungsphase in die Serienphase übergeht, auch wenn das Produkt noch nicht unter Serienbedingungen hergestellt wurde.

2. Neuartigkeit:

Das Merkmal der Neuartigkeit beschreibt die Realisierung einer bekannten Herausforderung, die innovative Gesichtspunkte aufweist und bei der es sich damit nicht um eine Routinetätigkeit handelt. Somit besteht bei der Realisierung eine Ungenauigkeit, die dazu führt, dass Neuartigkeit immer mit einem Risiko verbunden ist.[11]

3. Einmaligkeit:

Bei einem Projekt handelt es sich um einen einmaligen Vorgang, der sich besonders von Routinetätigkeiten unterscheidet. Bestimmte Aktivitäten eines Projektes können jedoch Routinecharakter haben und verlieren daher den Projektcharakter, nachdem sie mehrmals wiederholt wurden. Als Beispiel kann dabei die Entwicklung von Individualsoftware zur Standardsoftware genannt werden.

---

[9] Vgl. Bea, u.a. (2008), S.32 f.
[10] Vgl. Diethelm (2000), S.1
[11] Vgl. Bea, u.a. (2008), S.33 f.

4. Größe:

Ein Projekt muss eine bestimmte Größe erreichen, damit die aufwändige Durchführung gerechtfertigt ist. Es setzt beispielsweise einen eigenen Planungsprozess sowie eine eigene Organisation voraus.

5. Komplexität:

Bei einem Projekt werden mehrere Teilaufgaben durchgeführt, die miteinander zusammenhängen und abgestimmt werden müssen. Die Wahrnehmung der Teilaufgaben wird auf unterschiedliche Personen aus verschiedenen Bereichen im Unternehmen befristet übertragen.[12]

2.3 Definition Projektmanagement

Unter dem Begriff „Projektmanagement" versteht man die Gesamtheit von Führungsaufgaben sowie Organisation, Techniken und Mitteln für die Durchführung eines Projekts. Projektmanagement hat die Aufgabe, ein Projekt zu leiten und zu führen. Die Führung des Projektes bezieht sich dabei nicht ausschließlich auf den menschlichen Faktor, da auch dispositive Aufgaben und sachbezogene Führungs- und Leitungstätigkeiten umfasst werden.[13] Um ein Projekt erfolgreich zu managen, sind eindeutige sowie zu erreichende Ziele zu definieren und Anforderungen zu identifizieren. Zudem sind Termine und Kosten zu planen und einzuhalten, um sicherzustellen, dass das Projekt mit Gewinn abgeschlossen wird.[14] Um den Begriff „Projektmanagement" genauer zu betrachten, eigenen sich die sogenannten „Sieben Pros", welche verschiedene Merkmale beinhalten und in nachfolgender Tabelle abgebildet und in Kurzform erklärt werden:

[12] Vgl. Bea, u.a. (2008), S.34
[13] Vgl. Hesseler (2007), S.10
[14] Vgl. Meyer; Reher (2016), S.3

Merkmal	Bedeutung
Problemorientiert	Projekte lösen Probleme
Professionell	Fachliche Kompetenz ist erforderlich
Prospektiv	Projekte müssen geplant werden
Proaktiv	Kommunikative Ausrichtung von Projekten
Produktiv	Projekte sind ergebnisbezogen zu messen
Prototyp	Projekte sind selten identisch und somit einmalig
Prohuman	Projektarbeit ist größtenteils hierarchiefreie Teamarbeit

Tabelle 1: Die „7 Pros" des Projektmanagements[15]

Abschließend ist die Tatsache zu erwähnen, dass zu den Voraussetzungen für das Projektmanagement die eigenständige Projektorganisation zählt, welche in der bestehenden Linienorganisation für die jeweilige Dauer des Projektes eingerichtet wird und alle am Projekt beteiligten Akteure temporär organisatorisch zusammenfasst. Damit lässt sich in kurzer Zeit ein aufeinander abgestimmtes und effizient arbeitendes Projektteam zusammenstellen, ohne besondere Versetzungen in der Organisation durchführen zu müssen.[16]

3. Phasen des Projektmanagements

Um die Komplexität von Projekten zu verringern, wird die Projektdurchführung in verschiedene Phasen gegliedert. Das Phasenmodell nach DIN 69901 umfasst fünf Phasen, wobei die ersten beiden Phasen, die Initialisierungs- und die Definitionsphase, in diesem Kapitel zusammengefasst werden. Im Folgenden werden die Initialisierungs- und die Definitionsphase in einer Phase dargestellt. Die Projektplanung hat die konkrete Planung eines Projektes zum Ziel. Hier werden beispielsweise Termin-, Kosten- und Ressourcenpläne generiert und aufeinander abgestimmt. In der Steuerungsphase werden dann alle geplanten Tätigkeiten umgesetzt und in der Abschlussphase geht es

[15] Quelle: Eigene Darstellung in Anlehnung an Diethelm (2000), S.5
[16] Vgl. Burghardt (2013), S.9

darum, das Projekt erfolgreich abzuschließen und gegebenenfalls eine Nachkalkulation und einen Abschlussbericht zu erstellen.[17]

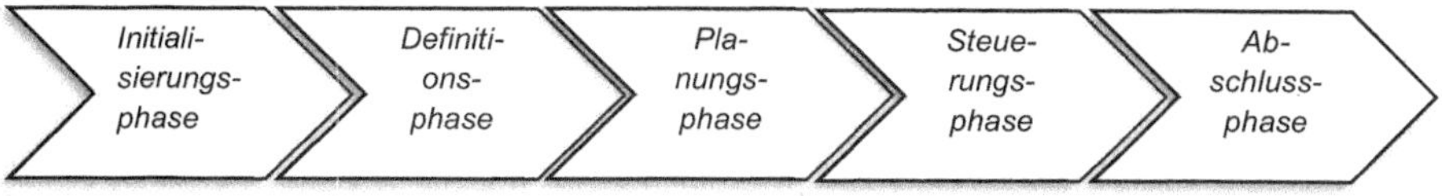

Abbildung 1: Phasen des Projektmanagements[18]

3.1 Initialisierungs- und Definitionsphase

Die Initialisierungsphase ist die erste Phase einer erfolgreichen Projektdurchführung. Hier werden die Projektideen vorgestellt und der Auftraggeber und der Projektleiter entscheiden gemeinsam, ob das Konzept projektwürdig ist. Es muss entschieden werden, ob das Projekt innerhalb einer klaren Linie abgewickelt werden soll, oder ob auch andere Bereiche betroffen sind und es sich somit um ein übergreifendes Projekt handelt. Weiterhin stellt sich die Frage, wie viele Ressourcen andere Bereiche im Falle eines übergreifenden Projektes zur Verfügung stellen müssen.

Um ein Projekt starten zu können, muss der Projektleiter zunächst einen Antrag stellen, in dem die Ziele und Rahmenbedingungen des Vorhabens festgelegt sind. Darüber hinaus erfolgt die Zusammenstellung des Projektteams. Um sicherzustellen, dass alle Beteiligten und Entscheidungsträger in das Projekt einbezogen werden, kann beispielsweise eine Umfeldanalyse durchgeführt werden. Diese Analyse hat die Identifikation möglicher Einflussfaktoren zum Ziel. Weiterhin kann so ermittelt werden, welche Personen/ Fachbereiche in das Projekt einbezogen werden müssen. Anhand dieser Umfeldanalyse wird dann ein Projektorganigramm erstellt und es wird festgelegt, welche Personen für welchen Aufgabenbereich verantwortlich sind.[19] Am Ende der Phase müssen dann Termine für die Vorstellung der Resultate und der Zwischenergebnisse festgelegt werden. Schlussendlich ist die Unterzeichnung des Auftraggebers das Ziel einer erfolgreichen Vorbereitungsphase. Am Ende der Initialisierungsphase steht ein vereinbarter Projektauftrag.[20]

---

[17] Vgl. Blank (2017), aufgerufen am 21.10.2017
[18] Quelle: Eigene Darstellung
[19] Vgl. Der Präsident der Leibnitz Universität Hannover (2009), aufgerufen am 25.10.2017
[20] Vgl. Kuster, u.a. (2011), S.41

Der Projektauftrag wird schriftlich ausgearbeitet und beinhaltet folgende Punkte:

- Problem und Ausgangslage
- Ziele des Projektes
- Abgrenzungen und Gestaltungsbereiche definieren
- Einflussgrößen ermitteln
- Rahmenbedingungen
- Generelle Vorgaben und Grundlagen
- Ergebnisse und Resultate
- Projektkosten und erwarteter Nutzen
- Risiken/ mögliches Scheitern des Projektes
- Priorität des Projektes
- Verfügbare Ressourcen
- Information und Kommunikation
- Unterschriften von Auftraggeber/ Projektleiter, ggf. Projektcontrolling[21]

3.2 Planungsphase

Die Planungsphase beinhaltet alle Tätigkeiten und Prozesse, die der formalen Planung eines Projektes dienen. Diese Phase schließt sich der Initialisierungsphase an und es werden die definierten Ziele und Aufwandsschätzungen konkretisiert. Zu der Planungsphase zählen zum einen die Projektstrukturplanung, sowie die Terminplanung, zum anderen aber auch die Ressourcen- und Kostenplanung und die Qualitätsplanung eines Projektes[22].

Projektstrukturplanung

„Ein detaillierter Projektstrukturplan ist die Basis für das gute Gelingen eines Projekts."[23] Dabei umfasst die Projektstruktur „die Gesamtheit der wesentlichen Beziehungen zwischen den Elementen eines Projekts."[24] Um das Projekt sinnvoll zu strukturieren, müssen zunächst sämtliche Tätigkeiten bestimmt werden, die zur Umsetzung der gesetzten Ziele grundlegend sind. Dabei wird die Hauptaufgabe des Projektes solange

[21] Vgl. Kuster, u.a. (2011), S.42
[22] Vgl. o. V. (2017a), aufgerufen am 15.10.2017
[23] Jenny (2001), S.211
[24] Ebd., S.211

in Teilprojekte und -aufgaben sowie Arbeitspakte aufgegliedert und hierarchisch aufgestellt, bis es nicht mehr ratsam ist. Die Projektstruktur stellt Beziehungen zwischen den Stufen her und verläuft sich meist auf vier Ebenen. Vorteile dieser Vorgehensweise sind, dass jede Aufgabe erfasst wird und an der richtigen Position des Projektablaufs nur einmal erarbeitet werden kann.[25] Darüber hinaus entsteht angesichts der Kapazitäten und Kosten eine gewisse Transparenz, die wiederum eine gute Entscheidungsgrundlage für die Projektleiter darstellt.[26] Die Bildung von Teilprojekten und Arbeitspaketen ermöglicht es zudem Aufgaben und (Teil-) Verantwortlichkeiten abzuleiten.[27] Am Ende entsteht dann der sogenannte Projektstrukturplan, auch kurz „PSP" genannt. Wie ausführlich diese Strukturierung erfolgen soll, hängt von einigen Faktoren ab. Neben der Komplexität des Projektes sind auch der Grad der Aufgabenspezialisierung, sowie die Aufgaben selbst und die Einschätzung der Projektleiter wesentliche Merkmale. Generell gibt es die Faustregel, dass der optimale Detaillierungsgrad gefunden wurde, wenn sich jedem Mitarbeiter des Projektes eindeutige Arbeitsaufträge zuweisen lassen.[28] Bei der Strukturierung des Projektes gibt es zwei Regeln zu beachten. Zum einen wird das Projekt vom Groben ins Detail gegliedert. Das heißt, zuerst steht die Hauptaufgabe, aus derer die Details dann Schritt für Schritt konkretisiert werden. Eine zweite Regel besagt, dass jede Stufe komplett abgearbeitet werden muss, bevor sich mit der nächsten Ebene befasst wird. Auf diese Art und Weise wird kein Teilprojekt oder keine Teilaufgabe vergessen und es wird eine Übersicht geschaffen.[29] Die folgende Abbildung stellt einen möglichen Projektstrukturplan (PSP) dar.

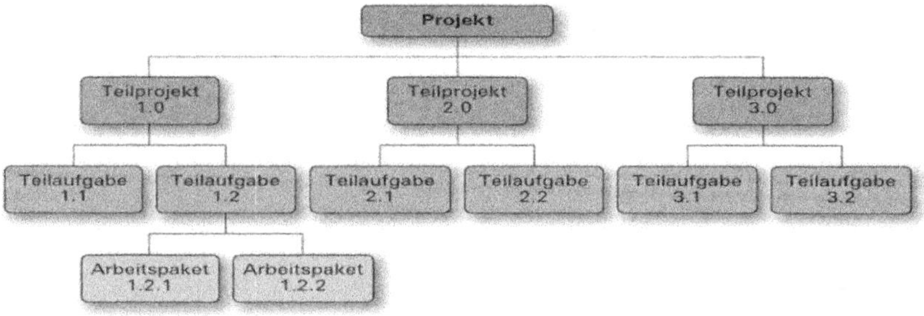

Abbildung 2: Projektstrukturplan[30]

---

[25] Vgl. Dobler, u.a. (2011), S.121
[26] Vgl. Olfert (2014), S.97 f.
[27] Vgl. Walter (2006), S.103
[28] Vgl. ebd., S.121
[29] Vgl. ebd., S.122
[30] Quelle: Ebd., S.122

Das Projekt orientiert sich am Projektziel, die Teilprojekte und –aufgaben, sowie die Arbeitspakete dienen dazu, das Projekt zu bewältigen. In der Praxis kann die Strukturierung nach vier Gliederungsprinzipien vollzogen werden. Sie kann nach Objekten, Funktionen, Projektphasen oder gemischt gegliedert werden. Eine objektorientierte Gliederung ist sinnvoll, wenn „das Projekt die Herstellung eines Produktes zum Ziel hat“[31]. Hierfür werden alle Objekte mitberücksichtigt, die im Bereich des Projektes erledigt werden müssen. Die Aufspaltung des Projektes orientiert sich an der technischen Struktur des herzustellenden Objektes.[32] Ein Beispiel für eine objektorientierte Gliederung könnte der Umbau von Büroräumen sein. Die Teilprojekte sind dann z.B. einzelne Abschnitte wie „Böden“, „Decken/Wände“ und „Fenster/Türen“. Teilaufgaben der Sparte „Decken/Wänden“ sind folglich Decken und Wände. Das Arbeitspaket „Wände“ kann z.B. aus der „Elektroinstallation“, dem „Putz“ und dem „Anstrich“ bestehen.[33]

Die Gliederung der Projektstruktur kann aber auch nach den Funktionen eines Projektes gegliedert werden. Diese Vorgehensweise ist für Projekte geeignet, die wenig bis keine materiellen Gegenstände herstellen. Diese kommen dann überwiegend aus dem Vertriebs-, Marketing- oder Dienstleistungssektor.[34] Die Funktionen entsprechen meist den Arbeitsbereichen, die „an dem Projekt beteiligt sind“ [35].

Um die funktionsorientierte Projektstruktur zu erklären, wird erneut das Beispiel des Umbaus von Büroräumen herangezogen. Als Teilprojekte könnten z.B. „Planung“, Koordination/Kontrolle“, „Bauen“ und „Umzug“ definiert werden. Teilaufgaben der Sparte „Bauen“ sind folglich der „Innenausbau“, die „Einrichtung“ und die „Installation“.[36] „Die Ausführungsarbeiten beim Innenausbau umfassen z.B. das Gipsen, das Bodenlegen, das Malen, usw.“[37] Diese Art der Strukturplanung ermöglicht den Handwerkern eine deutliche Arbeitsteilung und verhindert Überschneidungen.[38]

Die dritte Gliederungsform ist die phasenorientierte Struktur. Als Grundlage für die Struktur gelten die Phasen des Projekts. Diese Phasen könnten bei der Produktentwicklung die „Definition“, die „Planung“, die „Umsetzung“ und der „Abschluss“ sein.[39]

---

[31] Hillberg (2017), S.62
[32] Vgl. Hillberg (2017), S.62 f.
[33] Vgl. Dobler, u.a. (2011), S.123
[34] Vgl. Walter (2006), S.107
[35] Ebd., S.107
[36] Vgl. Dobler, u.a. (2011), S.123
[37] Ebd., S.123
[38] Vgl. ebd., S.123
[39] Vgl. Hillberg (2017), S.64

In der Praxis werden die Gliederungsformen aber häufig gemischt genutzt. Rein objekt-, funktions- oder phasenorientierte Strukturen garantieren nicht, dass alle zu verrichtenden Arbeiten erfasst werden. Häufig wird die Gliederung auf den oberen Ebenen objektorientiert und auf den unteren funktionsorientiert vorgenommen. Jedoch ist es genauso gut möglich, die Strukturierung andersrum vorzunehmen. Letztendlich hängt diese Entscheidung von den Planern ab.[40] „Es gibt bei der Gliederung kein Richtig oder Falsch."[41] Schlussendlich verfolgen alle Varianten das Ziel, die Hauptaufgabe klar und überschaubar zu strukturieren, um die Projektarbeit einfacher zu gestalten.[42]

Projektablauf- und Terminplan

Mithilfe des Projektablauf- oder auch Terminplanes wird der logische und zeitliche Ablauf der Teilaufgaben und Arbeitspakete festgelegt.[43] Ein zentraler Bestandteil der Ablauf- und Terminplanung ist zum einen der Termin, der durch einen exakten Zeitpunkt festgelegt wird. Zum anderen sind es die Arbeitsabläufe, die eine bestimmte Zeit in Anspruch nehmen.[44] Welcher Arbeitsschritt muss fertig gestellt sein, damit ein anderer ausgeführt werden kann? Gibt es kritische Momente, auch Meilensteine genannt, in denen diskutiert werden sollte, ob das Projekt noch Sinn macht?[45]

Diese Art der Meilensteine kennzeichnen „den Abschluss von wichtigen Projektschritten (...) und der Überprüfung des Erreichten".[46] Der Projektstrukturplan betrachtet nur die absoluten Aufwände, während ein Terminplan noch zusätzliche Informationen benötigt. Dazu gehören der Aufwand und die Dauer eines Arbeitspaketes, der Kalender, Wartezeiten, Liegezeiten, vorhandene Ressourcen, Meilensteine und Urlaubstage.[47]

Es gibt einige Verfahren, mit denen der Ablauf- bzw. Terminplan erstellt werden kann. Dazu gehören die Terminliste, Balkenpläne oder die Netzplantechnik. Im Folgenden werden diese drei Arten der Terminplanung vorgestellt und herausgearbeitet, welche Vor- und Nachteile sie haben und für welche Projekte sie geeignet sind.

Die einfache Terminliste dokumentiert chronologisch alle für das Projekt wichtigen Termine. Dabei werden die Anfangs- und Endtermine der einzelnen Arbeitspakete erfasst. Diese Art der Terminplanung schafft eine einfache und geordnete Zusammenfassung

---

[40] Vgl. Walter (2006), S.108
[41] Hillberg (2017), S.64
[42] Vgl. ebd., S.64
[43] Vgl. Schiersmann; Thiel (2010), S.188
[44] Vgl. Hillberg (2017), S.67 f.
[45] Vgl. Schiersmann; Thiel (2010), S.188
[46] Ebd., S.188
[47] Vgl. Hillberg (2017), S.68

über den terminlichen Ablauf des Projektes.[48] Allerdings ist die Terminliste nur für kleine und wenig komplexe Projekte geeignet, da sie die Abhängigkeiten zwischen den jeweiligen Arbeitsschritten bzw. Terminen nicht abbildet und schnell undurchschaubar wird.[49]

Terminliste			
Code	Arbeitspaket	Starttermin	Endtermin
1.1	Projektmanagement	05.01.2014	06.06.2014
1.1.1	Projektstart	05.01.2014	05.01.2014
1.1.2	Projektcontrolling	06.01.2014	05.06.2014
1.1.3	Projektabschluss	06.06.2014	06.06.2014
1.2	...	05.01.2014	18.03.2014
1.2.1	...	05.01.2014	07.01.2014
Version:	Datum:	Verfasser:	Seite 1 von ...

Abbildung 3: Beispiel Terminliste[50]

Das Balkendiagramm (auch als Ganttsches Balkendiagramm bekannt) „ist das älteste und verbreitetste grafische Hilfsmittel für das Einplanen von Aufgaben in einen Zeitablauf".[51] Es positioniert die Arbeitspakete und deren Dauer auf einem Zeitstrahl.[52] Dadurch wird der Terminplan sehr überschaubar und ist schnell zu erstellen. Zudem ist er sehr verständlich und weist auf Parallelen hin. Allerdings ist der Aufwand bei Veränderungen sehr groß und ein Überblick ist oft nur bei Planungszeiträumen von mindestens einer Woche gegeben. Aus diesem Grund sind Balkendiagramme vorzugsweise bei Projekten mittlerer Größe geeignet.[53] Balkendiagramme können personen- aber auch aufgabenbezogen erstellt werden. Die personenbezogene Darstellungsform ermöglicht es, herauszufinden, welche Arbeitspakete der Mitarbeiter X zu erledigen hat. Allerdings ist schwer zu erkennen, welche Kollegen beispielsweise an Arbeitspaket 1 noch beteiligt sind. Dieses Problem löst der aufgabenbezogene Balkenplan. Hier ist deutlich zu erkennen, welche Mitarbeiter an Arbeitsprojekt 1 mitarbeitet. Andererseits lässt sich schwer feststellen, an welchen Projekten Mitarbeiter X noch beteiligt ist. Die Form des Balkenplans hängt folglich davon ab, welche Eigenschaft

[48] Vgl. Ammenswerth, u.a. (2006), S.65
[49] Vgl. Walter (2006), S.117 f.
[50] Quelle: O.V. (2017n), aufgerufen am 14.10.2017
[51] Burghardt (2013), S.148
[52] Vgl. Huber; Huber (2011), S.40
[53] Vgl. Walter (2006), S.117 f.

entscheidender ist.[54] Folgende Abbildung stellt diesen Unterschied noch einmal nachvollziehbar dar.

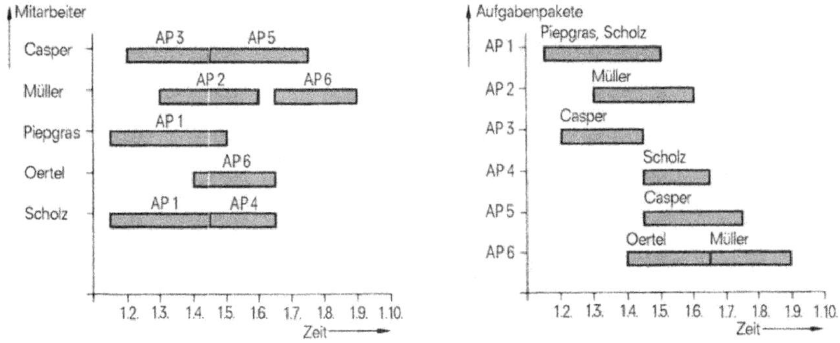

Personenbezogener Balkenplan

Aufgabenbezogener Balkenplan

Abbildung 4: Beispiel Balkendiagramme[55]

Bei größeren und komplexeren Projekten wird oft die Netzplantechnik genutzt, bei der Balkenpläne und Terminlisten wiederum abgeleitet werden.[56]

Es gibt bei der Netzplantechnik unterschiedliche Verfahren, da der sogenannte Vorgangsknoten (auch MPM-Netzplan, MPM von Metra Potential Method) die gängigste Methode ist, wird diese im Folgenden vorgestellt. Der Ablaufplan ist ein gerichteter Graph, dessen Knoten die Arbeitspakete darstellen und durch Kanten deren Abhängigkeiten kennzeichnen. Dabei werden die Arbeitspakete meist in Rechtecken und Meilensteine in Sechsecken erfasst.[57] Um einen solchen MPM-Netzplan zu erstellen werden Informationen wie die Bezeichnung des Vorgangs bzw. Arbeitspakets, Dauer, frühester Anfangszeitpunkt (FA), spätester Anfangszeitpunkt (SA), frühester Endzeitpunkt (FE) und spätester Endzeitpunkt (SE) benötigt. Die Zeiten werden dann in Anzahl der Tage in die Arbeitspakete bzw. Rechtecke eingetragen. Der Anfangszeitpunkt signalisiert den Beginn eines Tages, der Endzeitpunkt das Ende.[58] Die Darstellung eines Knotens im Netzplan könnte wie folgt aussehen.

[54] Vgl. Burghardt (2013), S.148 f.
[55] Quelle: Ebd., S.148
[56] Vgl. Walter (2006), S.117
[57] Vgl. Ammenwerth; Haux (2006), S.67
[58] Vgl. Dobler, u.a. (2011), S.132 f.

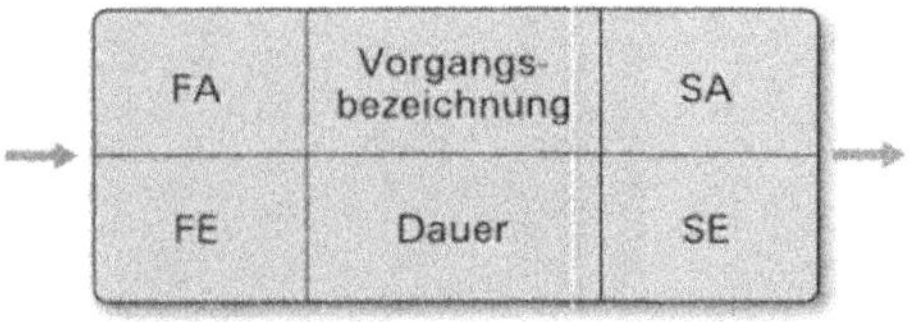

FA = Frühester Anfangszeitpunkt SA = Spätester Anfangszeitpunkt
FE = Frühester Endzeitpunkt SE = Spätester Endzeitpunkt

Abbildung 5: Aufbau Knoten Netzplan[59]

Auf diese Weise wird Schritt für Schritt, zu Beginn mit dem Anfangsknoten, jeder Vorgang bzw. Arbeitspaket nacheinander aufgestellt und die Abhängigkeiten zwischen den Knoten mit Pfeilen gekennzeichnet. Nachdem die frühesten Anfangs- und Endzeitpunkte bestimmt worden sind, kann mithilfe der Vorwärtsrechnung der früheste Endzeitpunkt des Projektes festgelegt werden. Dieser lässt sich beim letzten Knoten bzw. Vorgang ablesen.[60] In der sogenannten Rückwärtsrechnung werden „im letzten Knoten die spätesten Zeitpunkte gleich den frühesten Zeitpunkten gesetzt und nun die jeweils spätesten Zeitpunkte der Vorgänger bestimmt (durch Rückwärtsrechnung gegen die Pfeilrichtung)“[61].

Ressourcenplanung

Die optimale Planung der Ressourcen ist für den Erfolg eines Projektes unabdingbar. Basierend auf der Grundlage der Terminplanung, soll die Ressourcenplanung die Erreichung der Geschäftsziele optimal unterstützen und die Wettbewerbsfähigkeit eines Unternehmens auch zukünftig sicherstellen.[62]

Im Mittelpunkt der Ressourcenplanung steht im Wesentlichen das benötigte Personal. Die Inhalte der Personalplanung sind beispielsweise die Sicherstellung der Mitarbeiterverfügbarkeit, sowie die Vermeidung von mangelnder Mitarbeiterausstattung. Für eine erfolgreiche Projektdurchführung ist es sinnvoll, das Team während der Laufzeit des Projektes personell nicht zu verändern. Daraus würde ein hoher Aufwand bezüglich der Einarbeitung neuer Mitarbeiter resultieren. Ein weiterer wesentlicher Bestand-

[59] Quelle: Dobler, u.a. (2011), S.133
[60] Vgl. ebd., S.133
[61] Ebd., S.133
[62] Aichede; Schönberger (2014), S. 28

teil des Projektmanagements sind die zur Durchführung des Projektes benötigten Hilfsmittel. Der Einsatz von projektspezifischen Hilfsmitteln garantiert keineswegs den Erfolg des Projektes, er soll jedoch eine Entlastung des Projektteams bei der Bearbeitung zeitintensiver Aufgaben darstellen. Zu diesen Hilfsmitteln zählen zum Beispiel:

- Optimale Arbeitsplatzgestaltung (z.B. Computer, Drucker, Telefone)
- Geeignete Softwares für die Entwicklung und Qualitätssicherung von Projekten
- Methoden der Kommunikation (z.B. E-Mail-Verteiler, Foren, etc.)

Wichtig ist es, bei der Auswahl geeigneter Ressourcen die Faktoren Zeit, Ressource und Kosten für jedes Arbeitspaket optimal aufeinander abzustimmen. [63]

Nach Abschluss der Terminplanung kann die Planung aller notwendigen Ressourcen erfolgen. Bei der Ressourcenplanung werden den Aktivitäten, die zuvor in einem Aktivitätenplan oder einem Arbeitsplan festgelegt wurden, die benötigten Ressourcen zugeordnet. Unter Ressourcen sind Einsatzmittel zu verstehen, die zur Verwirklichung eines Vorhabens verwendet werden. In der Ressourcenplanung werden Personalressourcen, Anlagen- und Sachressourcen und Investitionen voneinander abgegrenzt. Während sich die Personalressourcen auf die Projektmitglieder an sich beziehen, wird innerhalb des Projektes auf die Anlagen- und Sachressourcen zugegriffen. Hierzu zählen unter anderem die Nutzung von Büro- und Konferenzräumen, technische Anlagen, sowie die Bereitstellung von geeigneten Softwares. Eine weitere Abgrenzung erfolgt bei den Investitionen. Zum einen gibt es Investitionen, die innerhalb eines Projektes getätigt werden, zum anderen können Investitionen auch für die Projektdurchführung benötigt werden.

Darüber hinaus wird der Zeitanteil der jeweiligen Aufgaben bestimmt und der Bestand an Ressourcen wird dem Kapazitätsbedarf gegenübergestellt[64].

Die Ressourcenplanung lässt sich an folgendem Beispiel verdeutlichen:

Ziel jedes produzierenden Unternehmens ist es, die vorhandenen Maschinen und Anlagen optimal zu nutzen. Die Fertigungssteuerung dient dazu, die optimale Auslastung zu gewährleisten. Mit der Kennzahl Overall Equipment Effectiveness (OEE), zu Deutsch Gesamtanlageneffektivität, lässt sich die Produktivität, auch Anlageneffektivität genannt, messen und in Prozentwerten (Einheit in Prozent) darstellen. Die OEE verdeutlicht das Verhältnis von erwarteter zu tatsächlicher Leistung einer Maschine.

---

[63] Vgl. Aichede; Schönberger (2014), S. 28

[64] Vgl. o.V. (2010), aufgerufen am 13.10.2017

Der OEE-Wert wird wie folgt berechnet:

1. Anlagenverfügbarkeit (AV)
2. Leistungsgrad (LG)
3. Qualitätsrate (QR)

OEE = AV x LG x QR

Ziel dieser Messung ist „die Erhöhung des Ausstoßes an Gut-Teilen aus bestehenden Anlagen“[65]. Im Idealfall beträgt die Gesamtanlageneffektivität 100 Prozent, d. h. die Maschine ist voll ausgelastet und es kommt zu keinen Stillständen. In der Praxis ist es allerdings schwer, dieses Ideal zu erreichen, da beispielsweise die regelmäßige Wartung einer Anlage einen Stopp bedingt. Anderenfalls kann es zu einer Umrüstung der Maschine kommen, um diese flexibel für unterschiedliche Produkte einsetzen zu können. Daraus resultiert schließlich ein geminderter Leistungsgrad einer Maschine oder Anlage. Ziel der Ressourcenplanung ist es, die Ausfallquote möglichst weit zu minimieren.[66]

Der Ressourcenplan, auch Projektkapazitätsplan genannt, kann entweder anhand einer Excel-Tabelle oder mithilfe der Software Microsoft Project erstellt werden.

Microsoft Project ist eine Software zur Planung, Steuerung und Überwachung von Projekten, welche im Verlauf der Ausarbeitung näher erläutert wird.

Kostenplanung

Die Kostenplanung ist ein wichtiger Bestandteil des Kostenmanagements in Projekten. Hierbei dienen Prozesse im Projektmanagement dazu, dass die bei der Umsetzung des Projektes entstehenden Kosten das Projektbudget nicht überschreiten. Der Projektkostenplan wird auf Grundlage des Projektstrukturplans, sowie der zuvor festgelegten Arbeitspakete und der eingeplanten Ressourcen erstellt. Unter einem Arbeitspaket sind konkrete Aufgabenstellungen und Terminvorgaben innerhalb eines Projektes zu verstehen. Bei der Kostenplanung handelt es sich um eine Aufwandsschätzung und eine Darstellung für die voraussichtlich anfallenden Projektkosten. Die Projektkosten setzen sich dabei aus der Summe (Bottom-up) aller für die Projektabwicklung notwenigen Tätigkeiten und erforderlichen Investitionen zusammen.[67]

---

[65] Tautrim (2015), S.120 ff.
[66] Vgl. ebd. (2015), S.120 ff.
[67] Vgl. ebd. (o.D. a), aufgerufen am 07.10.2017

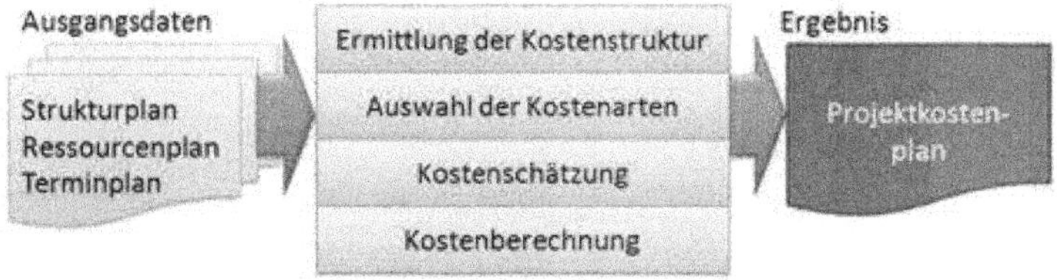

Abbildung 6: Schritte und Ergebnisse der Kostenplanung[68]

Die Ziele des Projektkostenplans sind zum einen die Ermittlung der Sach- und Personalmittelkosten, die je Arbeitspaket anfallen, zum anderen auch die Ermittlung der Gesamtkosten für die Beantragung eines Projektbudgets. Darüber hinaus sollen Zeit- und Kostenwerte durch die Erstellung eines Kostenplans optimiert werden und es sollen möglichst genaue Kontrollwerte ermittelt werden. Ein weiteres Ziel ist die Schaffung einer Grundlage für die Wirtschaftlichkeitsberechnung. Typische Projektkosten sind beispielsweise

- interne Personalkosten der Mitarbeiter (Lohn, Sozialabgaben, Ausbildung, Spesen)
- externe Dienstleistungen (Service, Honorare)
- Materialkosten (Datenträger, Zubehör für Maschinen)
- Maschinenkosten (LKW, Kran)
- Infrastrukturkosten (Gebäude, Schulungsräume)
- Zusatzkosten Infrastruktur (Miete, Versicherung, Energie)[69]

Die Kostenkalkulation ist eine der wichtigsten Aufgaben, die vor Projektbeginn durchgeführt werden muss. Zunächst erfolgt die Beschaffung der Ausgangsdaten, an die sich die Ermittlung der Kostenstruktur anschließt. Die Kosten können nach Arbeitspaketen strukturiert oder nach Kostenarten zusammengefasst werden. Hierzu eignet sich beispielsweise eine nach Arbeitspaketen gegliederte Tabelle in Microsoft Excel. Aus dieser Kalkulation lässt sich unter anderem auch eine Zusammenstellung nach Kostenarten oder nach dem zeitlichen Ablauf der Projektkosten im Kostengang erkennen[70].

[68] Quelle: o.V. (2017b), aufgerufen am 10.10.2017
[69] Vgl. Jenny (2016), S.140
[70] Vgl. o.V. (2017b), aufgerufen am 10.10.2017

Die nachfolgende Auswertung verdeutlicht die Entwicklung der Projektkosten am Beispiel eines Call-Centers. Es sind deutliche Sprünge im Projektverlauf zu erkennen. Während die Kosten zu Beginn noch stetig steigen, da eine kontinuierliche Projektarbeit geleistet wird, machen sich im Verlauf Veränderungen, bedingt durch den Kauf neuer Telefonanlagen oder einer Systemerweiterung, bemerkbar.[71]

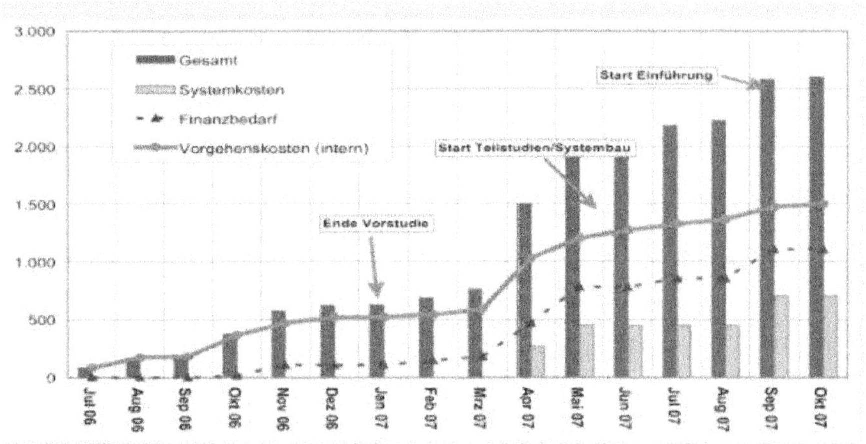

Abbildung 7: Entwicklung der Projektkosten am Beispiel eines Call-Centers[72]

Qualitätsplanung

Die Überwachung der Produktqualität ist ein wichtiger Bestandteil des Projektmanagements. Wichtige Kriterien können in diesem Zusammenhang beispielsweise ein zufriedener Kunde, die Vermeidung von Folgekosten durch Reklamationen oder aber auch die Vermeidung eines Imageverlustes sowie die Motivation des Projektteams sein.

„Die Qualität eines Produktes ist wichtiger als die Einhaltung von Terminen und Kosten, denn Ärger über Termine und Kosten vergeht schnell, während Ärger über ein schlechtes Produkt länger anhält." [73]

Der Projektqualitätsplan dient dem produktbezogenen Ergebnis der Qualitätsplanung, in der Kriterien sowie quantitative Ziele und Methoden und Führungskonzepte zur Zielerreichung festgelegt werden.

[71] Vgl. Pfetzing; Rohde (2009), S. 274
[72] Quelle: Ebd. (2009), S. 274 f.
[73] o. V. (2017c) aufgerufen am 10.10.2017

Die Qualitätssicherung in einem Projekt gliedert sich in die Phasen der Qualitätsplanung, der Qualitätssteuerung sowie der Qualitätskontrolle. Innerhalb dieser Phasen werden zunächst Qualitätsmerkmale festgelegt, woraus dann die daraus resultierenden Maßnahmen abgeleitet werden.

Abbildung 8: Schritte der Qualitätssicherung[74]

Für die Qualitätsplanung sind folgende Kriterien ausschlaggebend:

- Frühzeitige Abstimmung der Kriterien, um diese im Sinne des Auftraggebers zu definieren
- Festlegung von Qualitätsmaßstäben, welche bei Produktabnahme eine eindeutige Messung der Qualität ermöglichen
- Gemeinsame Erarbeitung eines Qualitätsplans mit dem Auftraggeber und dem Projektteam sowie den in dem Projektauftrag festgelegten Qualitätsbeauftragten.

[74] Quelle: Eigene Darstellung in Anlehnung an o.V. (2017c), aufgerufen am 10.10.2017

Der Qualitätsplan beinhaltet die für das Projekt vorgesehenen Maßnahmen sowie die Festlegung der Verantwortlichen und der Terminplanung. Beispielhaft sind in folgendem Qualitätsplan einige Maßnahmen ersichtlich:

Qualitätssicherungsmaßnahmen	**Verantwortlichkeit**	**Termine**
Richtlinien erstellen, z.B. Designvorgaben		
Prüfung von Zwischenergebnissen		
Prüfung des Endproduktes		
Überprüfung vereinbarter Ziele und Leistungen		
Testen des Endproduktes, vor allem bei Softwareprojekten		

Tabelle 2: Projektqualitätsplan[75]

3.3 Steuerungsphase

„Das Projekt muss in der Durchführungsphase gemäß der Vorgaben des Projektplans gesteuert werden."[76] Kommt es dabei zu unerwarteten Abweichungen, sollte die Ist-Situation durch entsprechende Handlungen wieder an die Planwerte anpasst werden. Dabei kann es allerdings auch passieren, dass Planwerte und –ziele aufgrund von neuen Erkenntnissen neu definiert werden müssen.[77] In diesem Fall wird der Ansatz des agilen Projektmanagements beschrieben.

Insgesamt beinhaltet die Projektsteuerung drei Prozesse, die den aktuellen Stand des Projektes mit den gesetzten Zielen vergleichen und bewerten. Diese setzen sich aus dem Messen, der Auswertung und der Korrektur zusammen und lassen sich wie folgt definieren:

- „*Messen:* Mittels formellen und informellen Berichten den Grad ermitteln, zu dem die Ziele bisher erreicht wurden.
- *Auswerten:* Ursachen und mögliche Wege identifizieren, um auf signifikante Abweichungen von der geplanten Leistung zu reagieren.

[75] Quelle: Vgl. ebd. (2017c), aufgerufen am 12.10.2017
[76] Zell, aufgerufen am 16.10.2017
[77] Vgl. ebd., aufgerufen am 16.10.2017

- *Korrigieren:* Aktionen einleiten, um einen unerwünschten Trend zu korrigieren oder um einen ungewöhnlichen Trend auszunutzen."[78]

Der Projektleiter hat dabei die Aufgabe, die Gruppen- und die Unternehmensziele zu erreichen und bei möglichen Abweichungen die nötigen Korrekturen in die Wege zu leiten.[79] Mithilfe des Bottom-Up-Prinzips werden alle nötigen Ist-Werte von den Projektmitarbeitern nach oben an den Projektleiter getragen.

In der Projektsteuerung werden genau drei Faktoren überwacht und gesteuert. Zum einen die Sachziele bzw. die Leistung, die Terminziele und die Kostenziele.[80] Diese drei Größen stehen unmittelbar im engen Zusammenhang miteinander und „beeinflussen sich gegenseitig"[81]. Wird folglich ein Faktor beeinflusst, hat das immer Auswirkungen auf mindestens eine der anderen Größen. Verschiebt sich z.B. das gewünschte Projektende nach hinten, muss mehr Arbeit in das Projekt investiert werden und die Kosten steigen ungeplant an.

Die Terminziele können, wie in dem Kapitel ‚Projektablauf und –terminplan' bereits erläutert, mithilfe eines Balkendiagramms überwacht werden. Die Ist-Daten werden dann zusätzlich in den ursprünglichen Plan mit einer anderen Farbe oder extra markiert eingefügt.[82] Auf diese Weise erkennt der Projektleiter rechtzeitig, welche Vorgänge länger als geplant brauchen. Folgende Darstellung veranschaulicht dieses Verfahren noch einmal. Der blaue Balken stellt den geplanten Bereich, der schraffierte den realisierten Bereich dar.

---

[78] Kerzner (2008), S.194
[79] Vgl. ebd., S.194
[80] Vgl. Fiedler (2016), S.6
[81] Ebd., S.6
[82] Vgl. Zell, aufgerufen am 16.10.2017

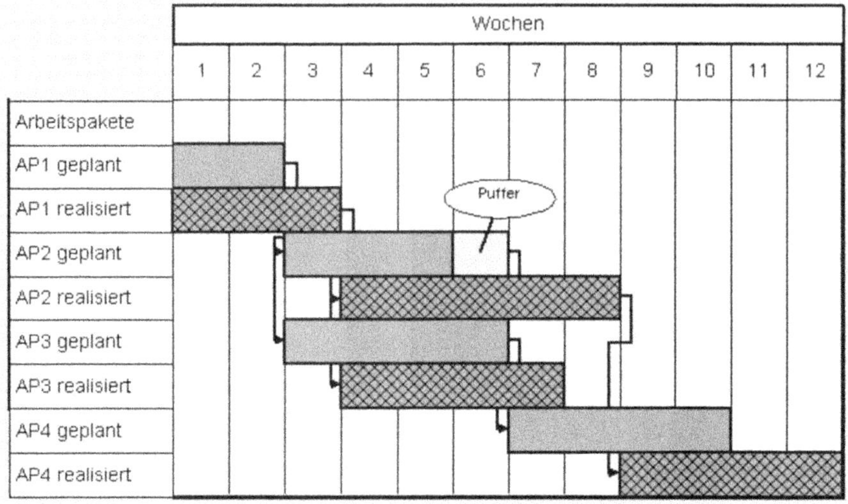

Abbildung 9: Terminkontrolle Beispiel[83]

Es ist gut zu erkennen, dass Arbeitspaket 1 eine Woche länger gebraucht hat als geplant. Aus diesem Grund kann Arbeitspaket 2 erst eine Woche später angefangen werden als ursprünglich beabsichtigt. Nun gilt es zu klären, „wodurch die Abweichung verursacht wurde und welche Auswirkungen sie auf nachfolgende Vorgänge und das gesamte Projekt hat?"[84] Bei der Kostenkontrolle muss erfasst werden, ob das geplante Kostenbudget noch im Rahmen liegt und für unausgeführte Vorgänge reicht. Ist eine Überschreitung des Budgets nicht zu verhindern, sollten frühzeitig entsprechende Gegenmaßnahmen eingeleitet werden.[85] Zunächst einmal sollte ein Soll-Ist-Vergleich durchgeführt werden, um zeitliche Abweichungen festzustellen. Dabei ist es ratsam schon in der Projektplanung die Kosten den einzelnen Arbeitspaketen zuzuweisen. So ist ein übersichtlicher Vergleich zwischen den Plan- und Ist-Kosten gegeben. Mögliche Kosten können hier z.B. Personal-, Material- oder Betriebsmittelkosten etc. sein. Da jedoch viele Rechnungen erst lange nach Erhalt der Ware gezahlt werden, ist es oft schwierig die Kosten zum richtigen Zeitpunkt zuzuordnen. Ein reiner Kostenvergleich gibt zwar Auskunft über mögliche Überschreitungen der Kosten, nicht aber über die Ursachen. In diesem Fall kann eine Ertragswertanalyse oder Earned Value Analysis genutzt werden. Diese qualitative Kosten- und Leistungskontrolle prüft nicht nur die

---

[83] Quelle: Ebd., aufgerufen am 16.10.2017
[84] Ebd., aufgerufen am 16.10.2017
[85] Vgl. Wolf, Runzheimer (2003), S.193

Einhaltung der Kosten, sondern auch die der erhofften Leistung.[86] Die nächste Abbildung stellt eine solche Ertragsanalyse grafisch dar.

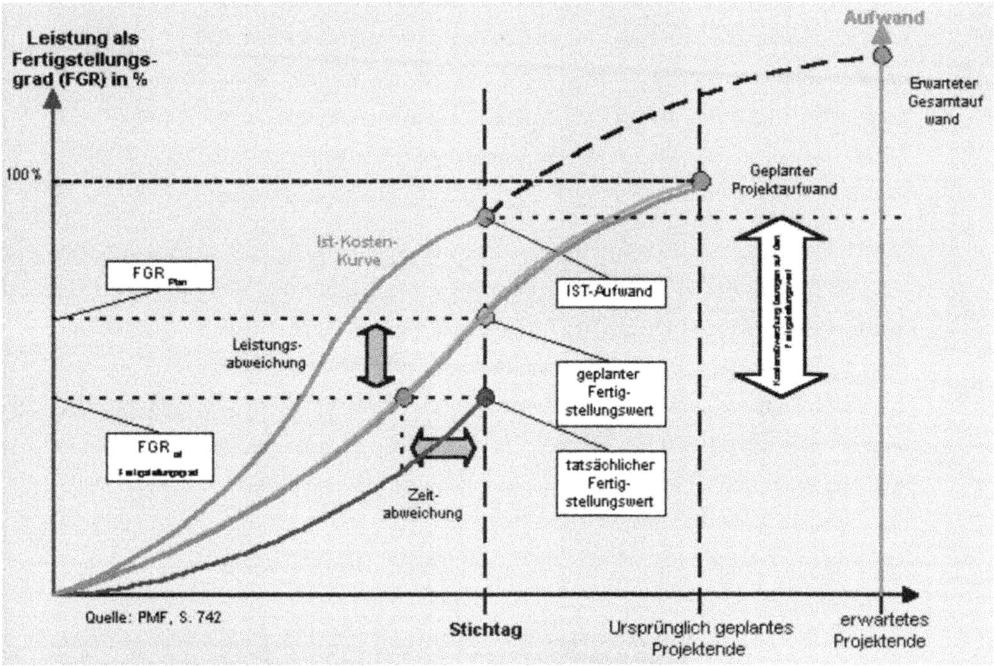

Abbildung 10: Ertragswertanalyse[87]

Der Projektleiter kann zu einem bestimmten Stichtag nachvollziehen, ob und in welchem Grad die geplanten Leistungen wirklich erreicht worden sind. Aus diesen Erkenntnissen müssen dann folgerichtige Schritte eingeleitet werden, die dieses Problem beseitigen oder mildern. Dabei „ist es kein Drama, wenn das Projekt nicht nach Plan läuft. Es ist ein Drama, wenn der Projektmanager nichts davon weiß“[88].

[86] Vgl. Zell, aufgerufen am 16.10.2017
[87] Quelle: Ebd., aufgerufen am 16.10.2017
[88] Ebd., aufgerufen am 16.10.2017

3.4 Abschlussphase

Der Projektabschluss ist die letzte Phase im Projekt. Hier werden sämtliche Maßnahmen zur systematischen Beendigung des Projektes getroffen.[89] Gemäß DIN 69905 ist der Projektabschluss das „formale Ende eines Projektes“ und beinhaltet die „Beendigung aller Tätigkeiten, die mit dem Projekt in Zusammenhang stehen“.[90] Typische Aufgaben der Abschlussphase sind beispielsweise die Evaluation und Reflexion, der Projektabschlussbericht sowie die Auflösung der Projektorganisation.

Der Unternehmernutzen sowie die Kunden- und Mitarbeiterzufriedenheit sind Faktoren, die für den Erfolg eines Projektes stehen. Die Evaluierung des Projektes dient insbesondere dazu, den Erfolg des Projektes zu messen. Drüber hinaus ist es sinnvoll, eine systematische Auswertung vorzunehmen, um die Planungsbasis für nachfolgende Projekte zu verbessern. Das erworbene Wissen sollte ordnungsgemäß archiviert werden, um es weiteren Projekten zur Verfügung zu stellen. Es gibt viele Gründe, weshalb die Durchführung eines Projektes nicht planmäßig verläuft, oder sogar scheitert. Deshalb ist es von großer Bedeutung, die Fehler zu kennen und bei zukünftigen Projekten aus diesen zu lernen. Oftmals werden Projekte als erfolgreich bezeichnet, wenn der Zeit- und der Kostenplan nicht überschritten wurden. Da diese Parameter aber leicht zu überprüfen sind, ist es fatal, hier schon von einem erfolgreichen Projekt zu sprechen. Schwieriger wird die Erfolgsmessung bei den inhaltlichen Anforderungen oder wenn eine subjektive Einschätzung des Projektes durch die Stakeholder erfolgt[91].

Bei dem Projektabschlussbericht erfolgt ein Vergleich der tatsächlich erreichten Leistungen mit dem ursprünglich vereinbarten Leistungsumfang eines Projektes. Der wirtschaftliche Teil des Abschlussberichtes beinhaltet in der Regel eine Projektnachkalkulation, bei der die tatsächlichen Kosten und Aufwände gesammelt dargestellt werden. Auf der inhaltlichen Ebene des Projektabschlussberichtes werden die erreichten Ziele und die damit einhergehenden Lösungswege dargestellt. Im Sinne des Projektmanagements DIN 69905 kann es auch zweckmäßig sein, die erfolglosen Lösungsansätze zu dokumentieren, um diese anderen Projekten zur Verfügung zu stellen.

[89] Vgl. Geiger, u.a. (2009), S.161
[90] o.V. (2017d), aufgerufen am 15.10.2017
[91] Vgl. Stelzer-Rothe, u.a. (2016), S.32

Weiterhin folgen die offizielle Entlastung des Projektteams und die Auflösung der Projektorganisation. Die Entlastung des Projektteams erfolgt erst dann, wenn der Auftraggeber das Projekt abgenommen und eine Evaluation stattgefunden hat. Um die Motivation der Projektmitarbeiter auch für die verbleibenden Aufgaben sicherzustellen, ist es sinnvoll, schon vor der Beendigung des Projektes mit den Mitarbeitern über neue Aufgaben nach Abschluss des Projektes zu sprechen.[92]

4. Zertifizierungen

Inhalt dieses Kapitels ist eine Übersicht der verschiedenen Zertifizierungen im Bereich des Projektmanagements und vorangestellt eine Stellungnahme, warum diese Zertifizierungen in jüngster Vergangenheit an Bedeutung gewonnen haben.

Generell lässt sich festhalten, dass die Methodik des Projektmanagements in den letzten Jahren vermehrt Einzug in den Unternehmensalltag gefunden hat. Da Projekte per Definition einmalige Vorgänge sind, ist eine allgemeingültige Anleitung für den Ablauf und das Arbeitsaufkommen sowie für Methoden in den einzelnen Phasen komplexer und schwieriger zu definieren als beispielweise eine Prozessbeschreibung für Routinetätigkeiten. Dennoch gibt es mittlerweile eine Vielzahl von Organisationen, die Zertifizierungen für das professionelle Projektmanagement anbieten. Dies ist vor dem Hintergrund, dass die Position des Projektleiters im aktuellen Umfeld als de facto Beruf bezeichnet werden kann, notwendig. Somit können die Unternehmen sicherstellen, dass der Projektleiter die nötigen Fähigkeiten und Methoden beherrscht, um Projekte erfolgreich zu initiieren und abzuschließen. Auf der anderen Seite dienen die Zertifizierungen auch dazu, die Projektleiter offiziell und nachweislich für ihren Beruf zu befähigen.[93] Diese Befähigung spiegelt sich weiterhin auch im Gehalt wider, welches bei zertifizierten Projektmanagern im Branchendurchschnitt höher ist als bei nicht zertifizierten Projektmanagern.[94]

---

[92] Vgl. o.V. (2017e), aufgerufen am 15.10.2017
[93] Vgl. Jenny (2014), S.39
[94] Vgl. Schoper u.a. (2013), S.13, aufgerufen am 15.10.17

4.1 IPMA-Zertifizierung

Die Deutsche Gesellschaft für Projektmanagement (GPM) hat in Zusammenarbeit mit der International Project Management Association (IPMA) ein vierstufiges Zertifizierungssystem entwickelt. Dieses System gliedert sich in vier Level (Level A-Level D), wobei die zugesprochenen Kompetenzen von Level A aus gesehen mit jedem weiteren Level abnehmen.[95] Die Zertifizierung nach Level A befähigt hierbei zum Management aller Projekte eines Unternehmens, bzw. zur Leitung des kompletten Projektmanagements. Personen mit einer Zertifizierung nach Level D können hingegen als Sachbearbeiter und Unterstützer für Projekte fungieren.[96]

Inhalt der Zertifizierungen nach der IMPA bzw. der GPM sind die Kompetenzen, die eine Person mit Erhalt des Zertifikats besitzen sollte. Die Kompetenz wird laut der National Competence Baseline (NCB) als Fähigkeit definiert, Wissen und/oder Fertigkeiten anzuwenden und den Nachweis persönlicher Eigenschaften zu erbringen, wo dies relevant ist .[97] Die Nachweise persönlicher Eigenschaften werden im Rahmen der Zertifizierung durch persönliche Gespräche sowie Gespräche mit dem Umfeld der zu zertifizierenden Person gesammelt. Weiter sind Workshops zu besuchen und Prüfungen abzulegen. Für eine Zertifizierung mit einem höheren Level sind zudem umfangreiche praktische Projektmanagement Erfahrungen nachzuweisen.[98]

Die zertifizierten Kompetenzen verteilen sich auf die drei Bereiche technische Kompetenzen, Verhaltenskompetenzen und Kontextkompetenzen. Während der Fokus bei den technischen Kompetenzen auf der Beherrschung der Methoden im Projektmanagement und dem dazugehörigen Fachwissen liegt, stehen bei den Verhaltenskompetenzen kommunikative, ethische und zwischenmenschliche Themen im Mittelpunkt. Die Kontextkompetenzen beinhalten Elemente, die sich auch auf die Umwelt des eigentlichen Projektes beziehen. Hierzu zählen Produkt- und Technologieorientierung sowie Wissen über Portfoliomanagement.[99]

---

[95] Vgl. Geiger (2009), S.10
[96] Vgl. Litke (2005), S.111 ff.
[97] Vgl. Schmehr, u.a. (2013), S.13, aufgerufen am 15.10.17
[98] Vgl. Bea, u.a. (2011), S.410
[99] Vgl. ebd. (2011), S.408 f.

4.2 PMBOK-Guide des PMI

Im Gegensatz zu der im vorherigen Kapitel vorgestellten NCB, die speziell für Projektmanagement Zertifizierungen im deutschsprachigen Raum entwickelt wurde, ist der „Guide to the Project Management Body of Knowledge“ (PMBOK) ein in den USA entwickelter Ansatz, um die Arbeit von Projektmanagern sowie die verwendeten Methoden und Tools mithilfe von Zertifizierungen zu standardisieren.[100] Die hierfür zuständige Organisation, das Project Management Institute (PMI), zählt mit ca. 500.000 zertifizierten Mitgliedern zu den größten Verbänden im Bereich des Projektmanagements und bietet mit dem Project Management Professional (PMP) die weltweit bekannteste Zertifizierung mit ungefähr 370.000 Absolventen an.[101]

Die Zertifizierung läuft entgegen der IPMA Zertifizierung ausschließlich über eine Prüfung am Computer ab, bei der 200 Multiple-Choice-Fragen beantwortet werden müssen.[102] Daher entfällt bei dieser Zertifizierung eine persönliche Einschätzung des Kandidaten. Mit Abschluss des Zertifizierungsverfahrens erkennen die Absolventen den Verhaltenskodex des PMI, der ethische Aspekte wie Ehrlichkeit, Fairness, Respekt und Verantwortung umfasst, an.[103]

Gegenstand dieser Zertifizierung sind im Wesentlichen fünf festgelegte Prozessgruppen und zehn Wissensgebiete. Ähnlich der deutschen DIN 69901-2, in der die wesentlichen Projektmanagementphasen definiert werden, führt auch der PMBOK fünf Prozessgruppen auf, die in Tabelle 3 abgebildet sind.

[100] Vgl. Jenny (2014), S.39
[101] Vgl. Pröpper (2012), S.253
[102] Vgl. Burghardt (2013), S.282
[103] Vgl. Ebd. (2013), S.282

Prozessgruppe	DIN 69901-2	PMBOK
I	Initialisierung	Initialisierung
II	Definition	Planung
III	Planung	Ausführung
IV	Steuerung	Überwachung & Kontrolle
V	Abschluss	Abschluss

Tabelle 3: Gegenüberstellung der Projektmanagementphasen[104]

Der PMBOK kann im Gegensatz zu der IPMA Zertifizierung, in der die Kompetenzen einer Person im Fokus stehen, als prozessbezogener Ansatz betrachtet werden. Mit Erhalt des Zertifikates sollen die Absolventen die Methoden und das Wissen, welches aus den „best practices“[105] gewonnen wird, auf die eigenen Projekte zuschneiden können.[106] Dazu sind neben den in Tabelle 3 aufgeführten Prozessgruppen auch so genannte Wissensgebiete integriert, die bei Gegenüberstellung 42 Projektmanagementprozesse ergeben. Hierzu zählen exemplarisch das Termin-, Kosten-, Personal- und Risikomanagement in Projekten. Zu jedem dieser Projektmanagementprozesse werden typische Methoden und Tools vorgestellt, so dass der PMBOK als eine Art Übersicht und Navigationshilfe durch die einzelnen Prozessgruppen gesehen werden kann.[107]

5. Empirische Untersuchungen

In diesem Kapitel werden unter Bezugnahme auf empirische Studien, die im Rahmen der Analyse von erfolgreichen und gescheiterten Projekten durchgeführt worden, zunächst Parameter zur Erfolgsbeurteilung vorgestellt. Die im Anschluss folgenden Praxisbeispiele aus dem Projektmanagement sollen mit diesen Parametern besser eingeschätzt werden können.

Vorweg sei jedoch darauf hingewiesen, dass sich in der Unternehmenspraxis nur selten Beispiele des ausschließlich klassischen Projektmanagements finden. Laut einer

---

[104] Quelle: Eigene Darstellung in Anlehnung an Klotz (2015), S.21, aufgerufen am 16.10.17 und Plewa, o.D., aufgerufen am 16.10.17
[105] „best practices“: eine Erfolgsmethode, bezeichnet optimale Vorgehensweisen und Lösungen
[106] Vgl. Bea, u.a. (2011), S.404
[107] Vgl. ebd. (2011), S.404 f.

Studie der GPM Deutsche Gesellschaft für Projektmanagement e.V. aus dem Jahr 2015 bei der 612 Projektverantwortliche aus 30 Ländern zum derzeitigen Status ihres Projektmanagements befragt wurden, ergab sich, dass lediglich 15 Prozent auf klassische Projektmanagement-Methoden zurückgreifen.[108]

5.1 Parameter zur Erfolgsbeurteilung

Zunächst werden Parameter aus der Literatur aufgeführt, die eine Definition hinsichtlich eines Erfolges bzw. Misserfolges von Projekten ermöglichen. So stellen in einigen Quellen die Zufriedenstellung der Stakeholder, die ausgeprägtere Kundenfokussierung und das Erreichen eines originären, also ursprünglich erwarteten, Geschäftserfolges in Form einer Steigerung des Unternehmenswertes[109] ein positives Projekt dar. Weiter sind Erkenntnisse in Form von „lessons learned"[110], die auch aus eventuellen Rückschlägen resultieren können, ein wichtiger Teil des Projekterfolges.[111] Da die Ziele und Arbeitsinhalte von Projekten stark variieren, kann es jedoch kaum eine allgemeingültige Definition für die Bewertung eines Projektes geben. Ein nützlicher Ansatz ist es daher, das Scheitern eines Projektes als ein Nicht-Erreichen von ursprünglich geplanten Zielen zu definieren. Diese Art des Scheiterns wird als „Planungsfehler" bezeichnet. Daneben wird der „wahre Fehlschlag" aufgeführt, der die Diskrepanz zwischen dem theoretisch zu erreichendem Potenzial eines Projektes und dem tatsächlich herbeigeführten Ergebnis aufzeigt.[112]

Als klassische Messgrößen der Erfolgsbeurteilung dienen häufig die Faktoren Zeit, Kosten und Qualität. Bei den beiden erst genannten Faktoren kann die Einordnung als Erfolg bzw. Misserfolg über einen Soll-Ist-Vergleich erfolgen, sprich ob die Terminierung des Projektes eingehalten wurde und sich die Projektkosten im eingeplanten Rahmen beliefen.[113] Die Qualität hingegen kann hierbei als Erreichen der zu Beginn eines Projektes festgelegten Ziele definiert werden.

Laut einer Projektmanagement Studie der Gesellschaft für Projektmanagement e.V. und der PA Consulting Group aus dem Jahr 2008, in der 79 Unternehmen aus unterschiedlichen Branchen zu ihren Erfahrungen bezüglich des Erfolges und Scheiterns

---

[108] Vgl. Komus; Kuberg (2015), S.10, aufgerufen am 13.10.17
[109] Vgl. Bea, u.a. (2011) S.13
[110] „lessons learned": gewonnene Erkenntnisse oder Erfahrungen aus dem Projektmanagement
[111] Vgl. Litke (2005), S.20
[112] Vgl. Kerzner (2009), S.63
[113] Vgl. Aichele (2006), S. 25ff.

im Projektmanagement befragt wurden, stellte sich heraus, dass die Qualität als wesentlichstes Merkmal (ca. 44 Prozent) für ein erfolgreiches Projekt gilt. Danach folgen die Faktoren Zeit (ca. 37 Prozent) und Kosten (ca. 19 Prozent).[114] Da die Qualität oftmals mit der Erfüllung von Kundenanforderung als Projektziel einhergeht, wird die Bedeutung der Kundenorientierung deutlich. Zeit und damit verbunden auch Kosten sind in diesem Zusammenhang als nachrangig einzustufen. Im Rahmen der oben genannten Studie wurden zudem die die Faktoren „Qualifizierte Mitarbeiter“, „Gute Kommunikation“ und „Klare Anforderungen und Ziele“ als wesentliche Bestandteile zum Gelingen eines Projektes aufgeführt.[115]

Die vorgestellten Parameter und Faktoren sollen dem besseren Verständnis der im Anschluss folgenden Praxisbeispiele dienen. Die angeführten Beispiele demonstrieren exemplarisch die negativen Folgen im Projektmanagement, falls die erfolgskritischen Faktoren außer Acht gelassen werden.

5.2 Elbphilharmonie Hamburg

Die Realisierung eines Konzertsaales mit dem Namen „Elbphilharmonie“ an der Elbe in Hamburg gilt wahrscheinlich als eines der bekanntesten Beispiele in der neueren Geschichte von gescheiterten Vorhaben im Projektmanagement. In Hinblick auf die im vorherigen Kapitel genannten Faktoren Zeit, Kosten und Qualität lässt sich ein Scheitern in mindestens zwei von drei Parametern feststellen. Bevor diese Faktoren genauer untersucht werden, soll zunächst ein grober Überblick des Projektes gewährleistet werden.

Auf einem Grundstück direkt an der Elbe, in unmittelbarer Nachbarschaft zur Speicherstadt, plante der Immobilienentwickler Alexander Gerard einen der zehn besten Konzertsäle weltweit zu errichten. Zudem sollte das Gebäude ein Hotel, Eigentumswohnungen und eine Tiefgarage beinhalten. Die Idee hierzu entstand im Jahr 2003. Drei Jahre später wurde der Vertrag zum Baubeginn zwischen der Hansestadt und der Realisierungsgesellschaft mbH unterzeichnet.[116]

---

[114] Engel, u.a. (2008), S.7, aufgerufen am 11.10.17
[115] Ebd., S.8, aufgerufen am 11.10.17
[116] Vgl. Fiedler und Schuster (2015), S.1, aufgerufen am 12.10.17

Die nachfolgende Tabelle zeigt die Kostensteigerung während der Projektphase zum Bau der Elbphilharmonie mit Start im Jahr 2003 bis zu den tatsächlichen Baukosten zur Eröffnung im Januar 2017.

Jahr	**Abschnitt**	**Kosten**	**Veränderung zur ursprünglichen Planung**
2003	Projektidee	119,8 Mio. Euro	Basiswert
2005	Machbarkeitsstudie	190,3 Mio. Euro	+ 58,85 Prozent
2006	Vertragsabschluss	351,8 Mio. Euro	+ 193,66 Prozent
2008	Neukalkulation	560,8 Mio. Euro	+ 368,11 Prozent
2017	Abschluss	866 Mio. Euro	+ 622,87 Prozent

Tabelle 4: Kostensteigerung während des Baus der Elbphilharmonie[117]

Neben der in Tabelle 4 aufgeführten Baukostensteigerung von 622,87 Prozent, ausgehend vom Basiswert im Jahr 2003 bis zu der Fertigstellung im Jahr 2017, wurde auch der ursprüngliche Eröffnungstermin von 2010 auf 2017 verschoben.[118] Dies entspricht einer Steigerung von nahezu 200 Prozent. Der zu Anfang des Kapitels bereits erwähnte Misserfolg in Bezug auf die Faktoren Kosten und Zeit wird somit deutlich. Eine Einschätzung des Faktors Qualität wäre an dieser Stelle subjektiv und wird daher nicht vorgenommen.

Eine von der Hertie School of Governance durchgeführte Studie, die sich mit den Hintergründen der Projektplanung rund um die Elbphilharmonie beschäftigte, kam zu dem Schluss, dass die Baukosten- und Zeitplansteigerungen vornehmlich aus einer unzureichenden Planung im Vorfeld, der mangelnden Kommunikation und dem destruktiven Arbeitsverhältnis zwischen dem Generalplaner und dem ausführenden Bauunternehmen resultieren. Es wird daher eine Empfehlung ausgesprochen, eine Art von Er-

[117] Quelle: Eigene Darstellung in Anlehnung an Buschhüter und Hamann (2014), S.25 ff. und Kapalschinski (2016), aufgerufen am 12.10.17
[118] Vgl. Fiedler und Schuster (2015), S.1, aufgerufen am 12.10.17

wartungsmanagement einzurichten, welches eine permanente Kommunikation zwischen den beteiligten Akteuren sicherstellt. Zudem wird der Einsatz von erfahrenen Projektmanagern aus der Wirtschaft und die Konsultation eines Beratungszentrums empfohlen.[119]

Nach Abschluss des Projektes kam die Hamburger Bürgerschaft zu dem Schluss, dass die vorher betriebene Standortpolitik, mit Fokus auf zentrale Groß-Projekte wie der Elbphilharmonie, aufgegeben werden müsse.[120] Schließlich wurde ein Großteil der Baukosten, die der Elbphilharmonie den 16ten Platz der teuersten Gebäude weltweit einbrachte[121], durch Steuergelder finanziert.

5.3 Toll Collect

Im Folgenden wird ein Beispiel des Projektmanagements aus der IT-Branche angeführt. Einleitend sollte erwähnt werden, dass besonders Projekte aus der IT-Branche hinsichtlich ihrer Erfüllung der Parameter Kosten, Zeit oder Qualität prozentual eher scheitern, als beispielsweise Projekte aus der Baubranche oder der Industrie. Im Chaos Report der Standish Group werden jährlich tausende Projekte aus der IT-Branche analysiert und anschließend nach einem Schema bewertet. Hierbei wird zwischen drei Typen von Projekten unterschieden. Bei Typ 1 liegt ein Projekterfolg hinsichtlich der drei Parameter Zeit, Kosten und Qualität vor, bei Typ 2 wird zwar ein Projektergebnis erzielt, welches jedoch vom ursprünglichem Entwurf abweicht und entweder die Kosten- und/oder die Zeitziele verfehlt. Abgebrochene Projekte werden unter Typ 3 erfasst.[122] Laut dieser Studie wurden im Jahr 2014 nur 9 Prozent aller IT-Projekte in größeren Unternehmen erfolgreich abgeschlossen. Bei mittelständischen und kleinen Unternehmen lag die Quote bei 16,2 Prozent bzw. 28 Prozent.[123]

Der Schluss, dass die Größe des Unternehmens im Regelfall mit der Größe der Projekte korreliert, wird an dieser Stelle gezogen. Die Komplexität der IT-Infrastruktur in großen Unternehmen führt daher häufig auch zu komplexen Projekten hinsichtlich der Integration, Optimierung oder Neuentwicklung von IT-Lösungen. In einem Artikel des

---

[119] Vgl. Fiedler und Schuster (2015), S.4, aufgerufen am 12.10.17
[120] Vgl. Buschhüter und Hamann (2014), S.640, aufgerufen am 12.10.17
[121] Vgl. o.V. (2017o), aufgerufen am 12.10.2017
[122] Vgl. o.V. (2014), S.4, aufgerufen am 13.10.17
[123] Ebd. (2014), S.5, aufgerufen am 13.10.17

Harvard Business Review wird angeführt, dass etwa jedes sechste der 1.471 untersuchten IT-Projekte die geplanten Kosten um etwa 200 Prozent und die geplante Zeit um ca. 70 Prozent überschreitet. Die Gründe hierfür liegen laut den Autoren in zu umfangreich angelegten Projekten und in einer mangelnden Vorabplanung.[124]

Im Falle des Systems Toll Collect, welches zur Erfassung, Berechnung und Rechnungsstellung von LKW-Mautgebühren dient, liegt ein Scheitern im Sinne des Typ 2 der Standish Studie vor. Das im März 2002 von der Deutschen Telekom, Daimler Chrysler und der französischen Cofiroute gegründete Unternehmen plante im September 2003 die deutschlandweite Systemeinführung und den Start der Mauterfassung. Im März 2005 konnte nach einer Reihe von Problemen, hauptsächlich auf die On Board Units (OBU) zur GPS-gestützten Streckenmessung bezogen, der Regelbetrieb aufgenommen werden.[125] Die Ausmaße des Projektes waren zu Beginn der Planung nicht korrekt erfasst und die Vielzahl von Akteuren und Anwendungsgebieten erschwerte die Implementierung des Mautsystems. Durch die verspätete Einführung entstanden monatliche Einnahmeausfälle von 163 Mio. Euro für den deutschen Staat[126], da die vorher verwendeten LKW-Vignetten zum geplanten Start des Mautsystems abgeschafft wurden.[127]

6. Grundlagen und praktische Anwendung von MS Project 2016

In diesem Kapitel soll die Software Microsoft Project Professional 2016 (MS Project Professional 2016) vorgestellt werden, um zu demonstrieren, wie klassisches Projektmanagement in der unternehmerischen Praxis mit Hilfe einer geeigneten Software angewendet werden kann. Dazu werden zu Beginn des Kapitels allgemeine Informationen über die Software genannt, bevor anschließend die wichtigsten Funktionen von MS Project beschrieben werden. Damit soll dem Leser der Arbeit aufgezeigt werden, was mit der Software möglich ist und wie sie dazu dienen kann, das Projektmanagement eines Unternehmens zu optimieren.
Anschließend wird beschrieben, wie ein reales Projekt mit der Software geplant, gesteuert und überwacht werden kann. Dazu wird der Planungsprozess bei der Erstel-

[124] Vgl. Flyvbjerg; Budzier (2011), aufgerufen am 13.10.17
[125] Vgl. Witte (2015), S.6
[126] Vgl. o.V. (2003), aufgerufen am 13.10.17
[127] Vgl. Feng; Popescu (2011), S.115

lung der wissenschaftlichen Hausarbeit zum Thema „Klassisches Projektmanagement“ der Gruppe 1 als Projektbeispiel genommen. Mithilfe von Screenshots und nachvollziehbaren Beschreibungen soll dem Leser anschaulich verdeutlicht werden, wie die wichtigsten Funktionen von MS Project angewendet werden können. Dazu wird zuerst ein Projektplan mit mehreren Vorgängen erstellt und in Sammelvorgänge eingegliedert. Anschließend werden verschiedene Arten von Ressourcen angelegt und den einzelnen Vorgängen zugeordnet. Abschließend wird erläutert, wie Projektkosten, die sich aus dem einzelnen Vorgängen und den zugewiesenen Ressourcen zusammensetzen, überwacht und grafisch dargestellt werden können. Das Ziel des Kapitels besteht darin, dem Anwender zu ermöglichen, grundlegende Funktionen der Software zu nutzen.

6.1 Grundlagen zu MS Project 2016

MS Project ist eine vom amerikanischen Unternehmen Microsoft entwickelte Software. Die Software stellt dem Nutzer wichtige Tools zur Verfügung, um die Planung, Steuerung und Überwachung von Projekten in Unternehmen zu optimieren. Weltweit wird sie von über 20 Millionen Benutzern verwendet, darunter auch von bekannten und erfolgreichen Unternehmen wie Amazon, BMW, Kraft, Netflix und Intel.[128] Die derzeit aktuellste verfügbare Version der Software ist „MS Project Professional 2016“. Diese Version steht zugleich im Fokus dieses Kapitels und bietet den Anwendern Business-Lösungen im Bereich des Projekt-, Portfolio- und Ressourcenmanagements an.

Die Funktion Projektmanagement unterstützt den Anwender bei der Projektplanung mit Hilfe von vorgefertigten Menüs, integrierten Vorlagen und Gantt-Diagrammen, welche häufig im Projektmanagement eingesetzt werden und eine wichtige Rolle in MS Project einnehmen.[129] Sie ermöglichen es Terminplanvorgänge eines Projektes übersichtlich und aussagekräftig als Grafik darzustellen, indem horizontal angeordnete Balken, welche parallel zur Zeitachse angeordnet sind, die jeweilige Projektaktivität beschreiben. Um die Gantt-Diagramme zu erstellen, werden verschiedene Informationen zum Projekt in eine Tabelle eingetragen, die im linken Bereich der Benutzeroberfläche angeordnet ist. Hier werden beispielsweise Angaben über Projektbezeichnung, Arbeitsvorgänge, Länge und Dauer sowie Start- und Endtermin des Projektes getätigt. Der Anwender sieht somit wichtige Termine und die Dauer der Produktaktivitäten auf

[128] Vgl. o.V. (2017f), aufgerufen am 15.10.2017
[129] Vgl. o.V. (2017g), aufgerufen am 15.10.2017

einen Blick, was einen entscheidenden Vorteil für die Projektplanung darstellt.[130] Folgender Screenshot stellt anhand eines eigenen Beispiels dar, wie das Gantt-Diagramm in MS Project aufgebaut ist und realisiert werden kann:

[130] Vgl. o.V. (o.D.), aufgerufen am 15.10.2017

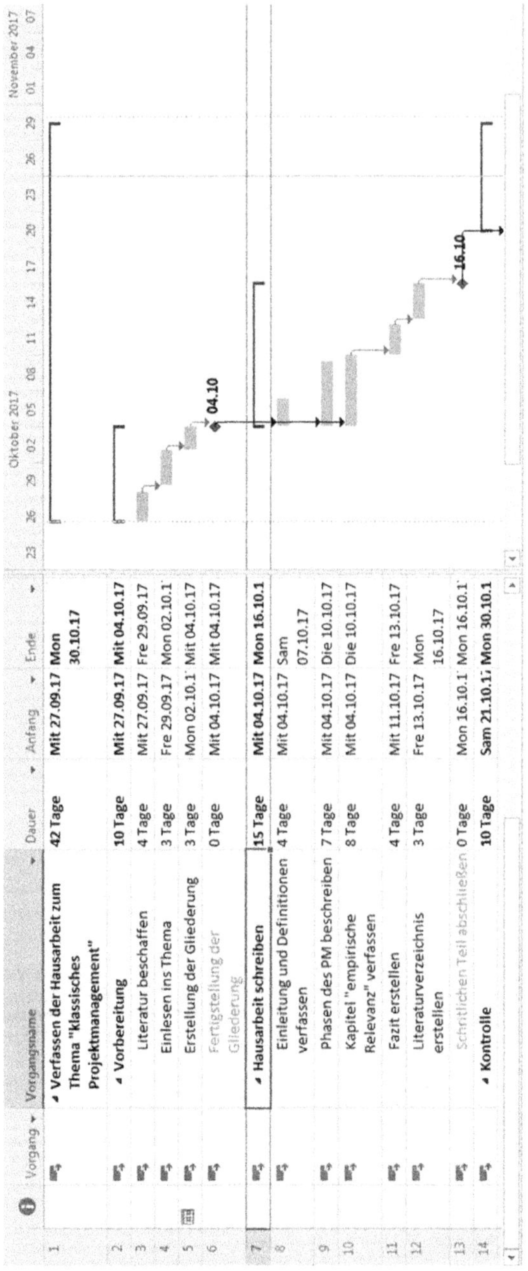

Abbildung 11: Gantt-Diagramm in MS Project 2016[131]

Mit dem nächsten Bereich, welcher das Portfoliomanagement betrifft, bietet Microsoft dem Nutzer die Möglichkeit, das bestehende Projektportfolio zu evaluieren, zu optimieren und verschiedene Portfolio-Szenarien zu modellieren. Durch die Integration in Power BI und Excel lassen sich erweiterte Analysefunktionen unter Nutzung von Branchenstandards wie Odata (Open Data Protocol) nutzen, um Portfoliodaten mit anderen Branchensystemen zu kombinieren und detaillierte Berichte zu erstellen.[132] Besonders Power BI lässt tiefe Einblicke in die Organisation zu, da Verbindungen mit hunderten Datenquellen hergestellt werden können.[133] Das Portfoliomanagement von MS Project ermöglicht es zudem, Projektvorschläge aus dem gesamten Unternehmen systematisch auswerten, um beispielsweise Produktideen zu generieren, die anschließend dem Management vorgestellt werden können.[134]

Das Ressourcenmanagement ermöglicht dem Anwender Einblicke in die Ressourcennutzung des Unternehmens, indem z.B Heat-Maps (Kapazitätswärmebilder) eingesetzt werden. Damit wird veranschaulicht dargestellt, welche Ressourcen überlastet und unterlastet sind. Der Anwender kann darauf reagieren und Zuweisungen innerhalb des Projektes optimieren.[135] Weiterhin wird durch eine vereinfacht realisierte Vorgangs- und Zeiterfassung gewährleistet, dass Mitglieder der Projektteams ihre Vorgänge flexibel und von jedem Ort aktualisieren können, was der Projektleitung dabei hilft den Gesamtüberblick zu behalten.[136]

Neben den soeben vorgestellten Business-Lösungen bietet Microsoft mit MS Project Professional 2016 auch Lösungen für Unternehmen in unterschiedlichen Branchen an. Diese Lösungen enthalten Funktionen, die speziell auf die jeweilige Branche angepasst sind. Folgende Tabelle veranschaulicht den Umfang der Funktionen und verdeutlicht zudem, wie vielseitig das Programm branchenübergreifend genutzt werden kann:

---

[131] Quelle: Eigene Darstellung aus Beispielaufgabe „Verfassen der Hausarbeit zum Thema klassisches Projektmanagement"
[132] Vgl. o.V. (2017h), aufgerufen am 16.10.2017
[133] Vgl. o.V. (2017i), aufgerufen am 17.10.2017
[134] Vgl. o.V. (2017h), aufgerufen am 16.10.2017
[135] Vgl. o.V. (2017j), aufgerufen am 19.10.2017
[136] Vgl. o.V. (2017k), aufgerufen am 19.10.2017

Branchenlösungen	Nutzbare Funktionen		
Finanzdienste	Kreditvergabe	Fusionen und Übernahmen	Produkteinführungen
Fertigung	Innovationsmanagement	Produkt- und Portfoliomanagement	Betriebskostenmanagement
Gesundheitswesen	Compliance im Gesundheitswesen	Produktsuche- und entwicklung	Anlegen und Verwalten von elektronische Patientenakten
Einzelhandel	Ladenflächen umgestalten	Marketingkampagnen realisieren	Lieferpartner wählen
Behörden	Öffentliche Bauvorhaben verwalten	Wahlkampagnen planen und umsetzen	Beschaffungsplanung optimieren
Öl- und Gasindustrie	Vorbereitende Aktivitäten für Bohrstellen	Teams und Anlagen planen	Bohrpläne optimieren

Tabelle 5: Branchenlösungen von MS Project[137]

6.2 Anwendung von MS Project anhand eines Beispiels

Die nachfolgenden Erläuterungen und Darstellungen zu den Funktionen „Projektplan erstellen", „Ressourcen zuordnen" und „Projektkosten überwachen" basieren auf eigenem, durch „Learning by Doing" erworbenen Wissen, sowie durch Erläuterungen auf der Microsoft Office Webseite zu dem Thema MS Project.[138] Als Beispiel für ein Projekt in MS Project wird nachfolgend das Erstellen der Hausarbeit zum Thema „Klassisches Projektmanagement" angeführt. Es werden Arbeitsvorgänge, Ressourcen und Kosten definiert, um ein nachvollziehbares Projekt zu erstellen. Es ist hierbei anzumerken, dass dazu verwendete Begriffe und Zahlen nicht immer realistisch sind, wie beispielsweise der Stundenlohn für das Schreiben der Hausarbeit, der lediglich zur Verdeutlichung verwendet wurde. Da dieses Kapitel dem Leser der Arbeit die Software verständlich näherbringen soll, kann dieser Aspekt jedoch vernachlässigt werden.

Vor dem Beginn der Planung eines Projektes in MS Project ist es sinnvoll einige Einstellungen unter „Optionen" in MS Project zu bearbeiten. Einstellungen können in Kategorien wie „Allgemein", „Anzeige" und „Terminplanung" vorgenommen werden. Besonders letztere Kategorie ist interessant für die Erstellung des Projektplans. Hier kann

[137] Quelle: Eigene Darstellung in Anlehnung an o.V. (2017l), aufgerufen am 16.10.2017
[138] Vgl. o.V. (2017m), aufgerufen am 21.10.2017

unter anderem die tägliche Arbeitszeit sowie die Einheit eingestellt werden, mit der die Dauer der Arbeitsvorgänge und die tägliche Arbeitszeit berechnet werden. Für das Erstellen der Hausarbeit arbeiten die Gruppenmitglieder 5 Stunden von 08-13 Uhr, wobei die Dauer und Arbeitszeit in Tagen berechnet wird. Es ist zudem empfehlenswert die Option „neu erstellte Vorgänge" von manuell auf automatisch umzustellen, da bei der späteren Verkettung der Vorgänge, sich ändernde Dauern bestimmter Vorgänge für den gesamten Projektplan automatisch übernommen werden und dies Arbeitszeit am Projektplan einspart. Eine weitere Einstellung, die vor Beginn des Projektes berücksichtigt werden sollte, wird über die Schaltfläche „Arbeitszeit ändern" im Reiter „Projekt" aufgerufen. Hier kann die wöchentliche Arbeitszeit festgelegt werden. Standardmäßig ist in MS Project eine Wochenarbeitszeit von Montag bis Freitag festgelegt. Diese kann erweitert werden, indem beispielsweise der Wochentag Samstag mit einer spezifischen Arbeitszeit zum Wochenplan hinzugefügt wird. Samstag wurde für das Beispielprojekt als Arbeitstag festgelegt, um den pünktlichen Abschluss der Arbeit zu gewährleisten.

Nachdem relevante Einstellungen vorgenommen wurden, muss zuerst ein Datum für den Projektstart festgelegt werden. Dazu wird in den Projektinformationen ein Anfangstermin für das neue Projekt festgelegt *(Reiter „Projekt"-Schaltfläche „Projektinformationen")*. Anschließend wird in der ersten Zeile der Spalte „Vorgangsname" der Projektname erfasst. Dieser lautet im vorliegenden Beispiel „Verfassen der Hausarbeit zum Thema klassisches Projektmanagement". Darunter werden projektrelevante Vorgänge aufgelistet, markiert und heruntergestuft, um eine Hierarchie zu erstellen (*Reiter „Vorgang"-Schaltfläche „Vorgang herunterstufen")*. Nun wird für jeden Vorgang die Dauer definiert. Wenn das Projekt Meilensteine beinhalten soll, muss die Dauer auf 0 festgelegt werden. Meilensteine im angeführten Beispiel lauten „Fertigstellung der Gliederung", „Schriftlichen Teil abschließen" und „Fertigstellung der Hausarbeit". Um den Projektplan übersichtlich aufzubauen ist es sinnvoll Vorgänge, die kategorisch zueinander passen, in einem Sammelvorgang zusammenzufassen. Dazu werden die Vorgänge markiert und über die Schaltfläche „Sammelvorgang einfügen" zusammengefasst. Das Beispielprojekt lässt sich sinnvoll in die Sammelvorgänge „Vorbereitung", „Hausarbeit schreiben" und „Kontrolle" gliedern.

Als nächstes wird die Ablauffolge der Vorgänge definiert. Dies kann automatisch über die Schaltfläche „Die ausgewählten Vorgänge verknüpfen" im Reiter „Vorgang" ge-

schehen. Bei dieser Vorgehensweise ordnet MS Project die Vorgänge jedoch nacheinander an, was in der Praxis oft unrealistisch ist, da bestimmte Vorgänge parallel bearbeitet werden können. Im Beispielprojekt werden beispielsweise verschiedene Abschnitte des Hauptteils der Hausarbeit gleichzeitig von unterschiedlichen Gruppenmitgliedern begonnen und somit parallel bearbeitet, nachdem der erste Meilenstein „Fertigstellung der Gliederung“ abgeschlossen wurde. In diesem Fall ist es sinnvoll die Vorgänge manuell miteinander zu verknüpfen, indem die Balken bzw. Meilensteine per „Drag and Drop“ miteinander verbunden werden. Vorgänge, die nach Fertigstellung der Vorgänger angeordnet werden sollen, werden durch einfaches Verbinden der Balken realisiert. Starten Vorgänge parallel, wie im angeführten Beispiel „Einleitung und Definitionen verfassen“ und „Phasen des Projektmanagements beschreiben“, wird die Verbindung mit dem Vorgänger dieser beiden Vorgänge vorgenommen.
Es ist auch möglich neue Termine zwischen zwei Vorgängen zu definieren, z.B., wenn das Projekt für einige Tage aufgrund von Krankheitsfällen unterbrochen wird. Dies kann durch einen Doppelklick auf den Pfeil zwischen zwei Vorgängen realisiert werden. Im angeführten Beispiel wurde eine Urlaubspause von sieben Tagen nach dem Vorgang „Schriftlichen Teil abschließen“ definiert.
Der soeben beschriebene Projektplan wird zur Veranschaulichung nachfolgend als Screenshot dargestellt:

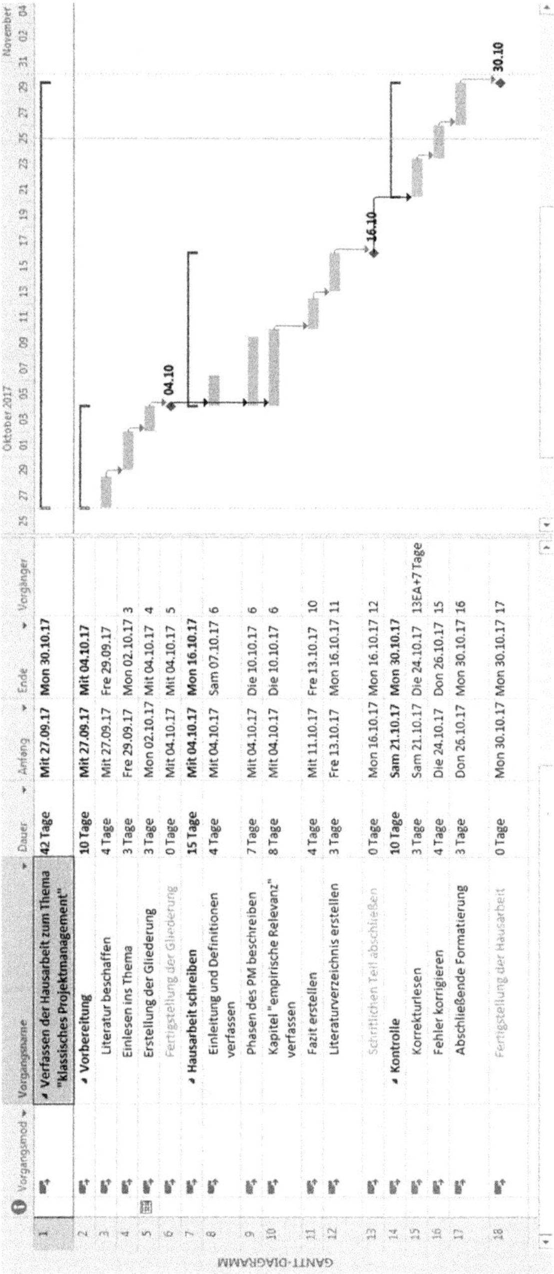

	Vorgangsmodus	Vorgangsname	Dauer	Anfang	Ende	Vorgänger
1		Verfassen der Hausarbeit zum Thema "klassisches Projektmanagement"	42 Tage	Mit 27.09.17	Mon 30.10.17	
2		Vorbereitung	10 Tage	Mit 27.09.17	Mit 04.10.17	
3		Literatur beschaffen	4 Tage	Mit 27.09.17	Fre 29.09.17	
4		Einlesen ins Thema	3 Tage	Fre 29.09.17	Mon 02.10.17	3
5		Erstellung der Gliederung	3 Tage	Mon 02.10.17	Mit 04.10.17	4
6		Fertigstellung der Gliederung	0 Tage	Mit 04.10.17	Mit 04.10.17	5
7		Hausarbeit schreiben	15 Tage	Mit 04.10.17	Mon 16.10.17	
8		Einleitung und Definitionen verfassen	4 Tage	Mit 04.10.17	Sam 07.10.17	6
9		Phasen des PM beschreiben	7 Tage	Mit 04.10.17	Die 10.10.17	6
10		Kapitel "empirische Relevanz" verfassen	8 Tage	Mit 04.10.17	Die 10.10.17	6
11		Fazit erstellen	4 Tage	Mit 11.10.17	Fre 13.10.17	10
12		Literaturverzeichnis erstellen	3 Tage	Fre 13.10.17	Mon 16.10.17	11
13		Schriftlichen Teil abschließen	0 Tage	Mon 16.10.17	Mon 16.10.17	12
14		Kontrolle	10 Tage	Sam 21.10.17	Mon 30.10.17	
15		Korrekturlesen	3 Tage	Sam 21.10.17	Die 24.10.17	13EA+7 Tage
16		Fehler korrigieren	4 Tage	Die 24.10.17	Don 26.10.17	15
17		Abschließende Formatierung	3 Tage	Don 26.10.17	Mon 30.10.17	16
18		Fertigstellung der Hausarbeit	0 Tage	Mon 30.10.17	Mon 30.10.17	17

Abbildung 12: Projektplan in der Gantt-Diagramm Sicht von MS Project 2016

Nachdem der Projektplan fertiggestellt wurde, kann das Netzplandiagramm und der Kalender unter dem Reiter „Ansicht“ aktiviert werden, um andere Darstellungen der Vorgänge zu erhalten. Besonders das Netzplandiagramm eignet sich, um Abhängigkeiten zwischen den Vorgängen zu erkennen und Projektdetails darzustellen.

Um im nächsten Schritt Ressourcen zu erstellen und dem erstellten Projektplan zuzuordnen, muss die Ansicht in MS Project geändert werden („Gantt-Diagramm“ in „Ressource: Tabelle“ ändern). In dieser Ansicht können nun die Projektbeteiligten sowie Arbeitsmaterialien und Kosten als Ressourcen erstellt werden. MS Project unterscheidet bei der Art der Ressource zwischen Arbeit, Material und Kosten. In dem Beispiel handelt es sich bei den Projektverantwortlichen um die Mitglieder der Gruppe Fabian Gans, Lea Ehrenberg, Lisa Buttkus und Max Holzer, welche die Ressource „Arbeit“ zugewiesen bekommen und einen Stunden-Standardsatz in Höhe von 10 bzw. 15 Euro pro Stunde erhalten. Für eine Hausarbeit einen Stundenlohn zu erhalten ist zwar nicht realistisch, es verdeutlicht jedoch wie ein Projekt in der Unternehmenspraxis durchgeführt werden kann. Erforderliches Material für das Verfassen der Hausarbeit sind Laptops für jede Person, welche Fixkosten in Höhe von 500 Euro verursachen und der Ressourcenart „Material“ zugeordnet werden. Anfallende Kosten fallen für die Reisekosten der Gruppenmitglieder Lea und Lisa an, da davon ausgegangen wird, dass diese zu den geplanten Meilensteinen mit dem Auto aus der Ferne nach Flensburg und zurückfahren müssen. Kosten können in dieser Ansicht von MS Project nicht definiert werden, da hierzu in die Ansicht „Gantt-Diagramm“ gewechselt werden muss, was auch notwendig ist, um die erstellten Ressourcen den einzelnen Vorgängen zuzuordnen. Folgende Abbildung verdeutlicht, wie Ressourcen angelegt werden:

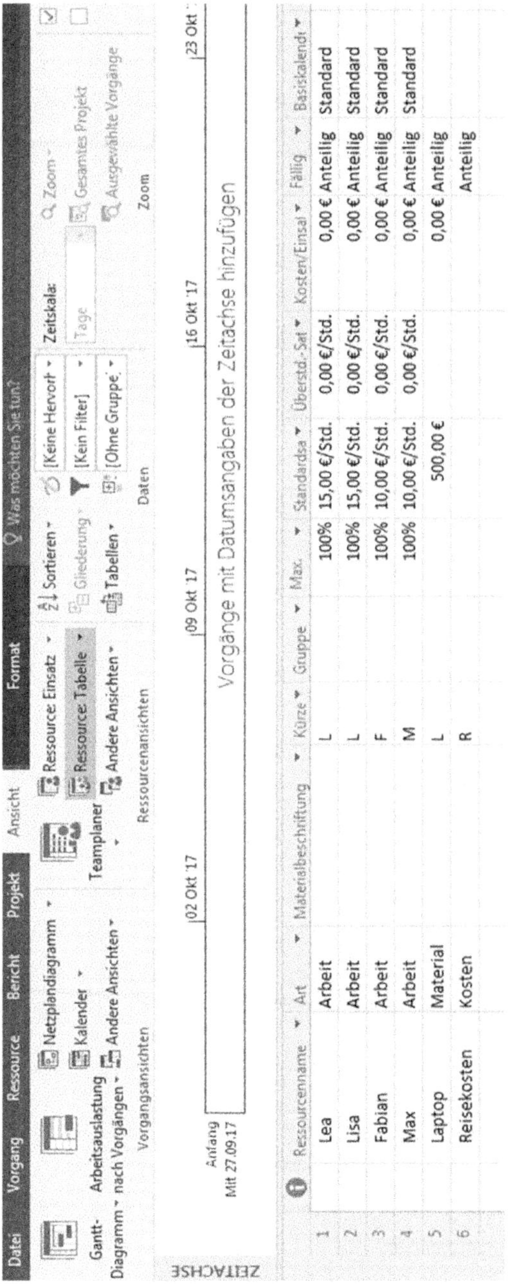

Abbildung 13: Ressourcentabelle in MS Project 2016

Um die erstellten Ressourcen den einzelnen Vorgängen zuzuordnen, wird wieder die Ansicht „Gantt-Diagramm" geöffnet. Im angeführten Beispiel werden gemeinsame Aktionen, wie „Literatur beschaffen" oder „Erstellung der Gliederung" von allen Gruppenmitgliedern durchgeführt, während Vorgänge, die den schriftlichen Hauptteil der Arbeit betreffen und aufgeteilt wurden, von einzelnen Personen durchgeführt werden. In der Spalte „Ressourcenname" können nun für jeden Vorgang die Ressourcen ausgewählt werden. Zudem können die Einheiten der jeweiligen Ressourcen erhöht oder verringert werden. Um beispielsweise die Ressource „Laptop" zu bearbeiten und die Anzahl von 1 auf 4 hochzusetzen, muss durch Doppelklick auf die jeweilige Zelle, in welcher der Laptop einem Vorgang zugeordnet wurde, die Informationsansicht zur jeweiligen Ressource aufgerufen werden. Hier wird die Anzahl der Laptops im Reiter „Ressourcen" auf 4 verändert.

Abschließend ist es empfehlenswert eine neue Spalte „% Abgeschlossen" hinzuzufügen und damit für die Vorgänge bzw. Sammelvorgänge festzulegen, wie weit das Projekt abgeschlossen wurde. Dies ermöglicht es bei der abschließenden Kostendarstellung eine Unterscheidung zwischen Ist- und Restkosten vorzunehmen. Für das Projektbeispiel werden alle Vorgänge, die in die ersten beiden Sammelvorgänge eingeordnet wurden mit 100 % festgelegt. Der komplette letzte Sammelvorgang wurde mit einem Status von 0 % definiert.

Da der Projektplan nun mit den dazugehörigen Ressourcen verknüpft wurde, kann abschließend eine Kostenübersicht in MS Project aufgerufen werden. Dazu wird die Kosten-Tabelle geöffnet *(Reiter „Ansicht"-Schaltfläche „Tabellen"- „Kosten")*. In dieser Übersicht sieht der Anwender unter anderem die bisher entstandenen und verbleibenden Kosten zu den jeweiligen Ressourcen sowie die Gesamtkosten des Projekts. Bei dem Projektbeispiel sieht man sofort, wer wie lange an welchem Kapitel gearbeitet hat. Um die Ressourcenkosten grafisch darzustellen empfiehlt es sich einen Kostenbericht in MS Project zu öffnen *(Reiter „Bericht"-Schaltfläche „Kosten"- „Ressourcenkosten (Übersicht)")*. In dem Bericht werden Kostenstatus und Kostenverteilung grafisch dargestellt. Außerdem sieht man in den Kostendetails Informationen zu den Arbeitsressourcen, wie Ist-Arbeitsstunden bzw. Tage und Ist-Kosten. Folgende Abbildung stellt die Ressourcenkostenübersicht für das Projekt „Verfassen der Hausarbeit zum Thema „Klassisches Projektmanagement" grafisch dar:

Abbildung 14: Ressourcenkostenübersicht in MS Project 2016

Neben der Berichtsfunktion in MS Project eignet sich auch die Projektstatistik, um alle wichtigen Informationen nach Abschluss des Projektes einzusehen. Diese wird unter den Projektinformationen aktiviert und stellt die wichtigsten Projektinformationen in einer Tabelle dar. Der Anwender sieht wann das Projekt angefangen und abgeschlossen wurde. Auch interessante Informationen zu Dauer, Arbeit, Kosten und Projektstatus werden detailliert angegeben.

7. Zusammenfassung und Ausblick

Dieses Kapitel bildet den Abschluss der Ausarbeitung und ist in zwei Teile gegliedert. Zunächst werden dem Leser in der Zusammenfassung alle wichtigen und relevanten Informationen aus den vorangegangen Kapiteln komprimiert vorgestellt. Im zweiten Teil dieses Kapitels folgt ein Ausblick auf die zukünftig zu erwartende Entwicklung des Projektmanagements. Thematisch bildet der Ausblick eine Einheit mit der Einleitung, in der die aktuellen Trends und daraus resultierenden Probleme des Projektmanagements aufgeführt wurden. Einleitung und Ausblick bilden folglich den Kontextrahmen dieser Ausarbeitung.

7.1 Zusammenfassung

Ein Projekt ist ein besonderes und außerplanmäßiges Vorhaben, das zukunftsorientiert ausgerichtet ist und das Ziel verfolgt, Ergebnisse zu erzielen. Es weist die Merkmale der zeitlichen Befristung, Neuartigkeit, Einmaligkeit sowie einer beachtlichen Größe und einem hohen Grad an Komplexität auf. Unter Projektmanagement versteht man die Gesamtheit von Führungsaufgaben sowie Organisation, Techniken und Mittel für die Durchführung eines Projekts. Das klassische Projektmanagement zeichnet sich dadurch aus, dass Termine, Kosten, Ressourceneinsatz und Ergebnisse des Projektes zu Beginn festgelegt werden. Es eignet sich für Projekte, die verbindlich zu einem bestimmten Termin abgeschlossen sein müssen, wie z.B. bei Bau- und Instandhaltungsprojekten.

Das klassische Projektmanagement wird durch das Phasenmodell nach DIN 69901 in fünf Phasen aufgeteilt. Während in der Initialisierungs- und Definitionsphase die Ausarbeitung von Konzepten, die Vorstellung von Projektideen und die Frage nach den

benötigten Ressourcen für das Projekt im Vordergrund stehen, beinhaltet die anschließende Planungsphase alle Tätigkeiten und Prozesse, die der formalen Planung eines Projektes dienen. In dieser Phase des klassischen Projektmanagements wird die Projektstrukturplanung, Terminplanung, Qualitätsplanung und Ressourcen- und Kostenplanung durchgeführt. Beim klassischen Projektmanagement-Ansatz werden Faktoren wie Termine, Ressourcen und Kosten mit klaren Vorgaben festgelegt, die für die gesamte Projektdauer gelten und eingehalten werden sollen. Vor allem die Einhaltung des Projektendtermins führt zu einer Sicherheit bei einem möglichen Auftraggeber, welche beispielsweise bei Bau- und Instandhaltungsprojekten eine hohe Bedeutung einnimmt.
Die Steuerungsphase steuert das Projekt in der Durchführung gemäß der Vorgaben des Projektplans. Dabei muss die Ist-Situation durch entsprechende Handlungen wieder an die Planwerte anpasst werden, wenn es zu unerwarteten Abweichungen kommen sollte. Dazu beinhaltet die Projektsteuerung Prozesse, die den aktuellen Stand des Projektes mit den gesetzten Zielen vergleichen und bewerten. Die Prozesse setzen sich aus dem Messen, der Auswertung und der Korrektur zusammen.
Die Abschlussphase beschreibt die letzte Phase im Projektmanagements. Gemäß DIN 69905 ist der Projektabschluss das formale Ende eines Projektes und beinhaltet die Beendigung aller Tätigkeiten, die mit dem Projekt im Zusammenhang stehen. Typische Aufgaben der Abschlussphase bestehen unter anderem in der Evaluation und Reflexion, dem Projektabschlussbericht und der Auflösung der Projektorganisation.

Um einzelne Phasen des Projektmanagements zu gestalten, wird in der Unternehmenspraxis häufig die Software „MS Project“ verwendet. Die vom amerikanischen Unternehmen Microsoft entwickelte Software stellt Nutzern wichtige Tools zur Verfügung, um die Planung, Steuerung und Überwachung von Projekten in Unternehmen zu optimieren. Dazu können unter anderem Projektpläne erstellt und mit verschiedenen Ressourcenarten verknüpft werden, um Kosten darzustellen und Berichte erstellen zu lassen.

Neben den fünf Phasen nehmen auch Zertifizierungen eine wichtige Rolle im Projektmanagement ein. Da Projekte immer häufiger im Unternehmensalltag durchgeführt werden und komplexer und schwieriger durchzuführen sind als beispielsweise Routinetätigkeiten, ist eine allgemeingültige Anleitung für den Ablauf und das Arbeitsaufkommen in Form von Zertifizierungen notwendig. Damit wird gewährleistet, dass Projektleiter die nötigen Fähigkeiten und Methoden beherrschen, um Projekte erfolgreich zu initiieren und abzuschließen. In dieser Arbeit werden zwei Arten von Zertifizierungen unterschieden. Während die IPMA-Zertifizierung speziell für Projektmanagement im deutschsprachigen Raum entwickelt wurde und ein auf Kompetenzen basierendes Zertifizierungssystem darstellt, ist der PMBOK-Guide des PMI, ein in den USA entwickelter prozessorientierter Ansatz, der mit dem Ziel entwickelt wurde, die Arbeit von Projektmanagern sowie die verwendeten Methoden und Tools mit Hilfe von Zertifizierungen zu standardisieren.

Die Notwendigkeit von Zertifizierungen wird auch durch Praxisbeispiele gescheiterter Projekte im Projektmanagement deutlich. Eines der bekanntesten Beispiele stellt die „Elbphilharmonie" in Hamburg dar. Das Projekt scheiterte im Hinblick auf die Faktoren Kosten und Zeit. Durch Fehlplanung wurde eine Baukostensteigerung in Höhe von 622,87 % verursacht. Zudem wurde der Eröffnungstermin von 2010 auf 2017 verschoben. Als Hauptursachen für das gescheiterte Projekt wird laut einer Studie der Hertie School of Governance eine unzureichende Planung sowie mangelnde Kommunikation zwischen den Beteiligten gesehen.
Vom Scheitern in der Praxis sind häufig auch IT-Projekte betroffen, wie das Projekt „Toll Collect" verdeutlicht, welches zur Erfassung, Berechnung und Rechnungsstellung von LKW-Mautgebühren initiiert wurde. Der Grund für das Scheitern des Projektes lag in diesem Fall darin, dass die Ausmaße des Projektes unterschätzt wurden.

7.2 Ausblick

In diesem Kapitel sollen mögliche Entwicklungen des Projektmanagements vor dem Hintergrund der komplexer werdenden Unternehmensumwelt betrachtet werden. Ausgangspunkt dieser Überlegungen ist eine Studie des Harvard Business Review. Demnach wurde bei jedem sechsten untersuchten Projekt eine durchschnittliche Kostensteigerung von 200 Prozent gegenüber dem ursprünglich eingeplanten Budget ermittelt. Der Durchschnittswert aller 1.471 untersuchten Projekte betrug dabei 167 Mio. $, das Projekt mit dem höchsten Budget hatte einen Umfang von ca. 33 Mrd. $.[139] Somit lassen sich die Auswirkungen der Kostensteigerung um 200 Prozent besser einordnen

[139] Vgl. Flyvbjerg; Budzier (2011), aufgerufen am 18.10.17

und es wird ersichtlich, welchen Umfang und welches Ausmaß ein bezüglich der Kriterien Zeit und vor allem Kosten gescheitertes Projekt hat. Die Frage, ob die hohe Zahl an Zielverfehlungen aus den gestiegenen Anforderungen, sprich den kürzeren Produktlebenszyklen, komplexeren Erwartungen der Kunden und der insgesamt voranschreitenden Vernetzung aller Systeme oder aus unzulänglichen Projektmanagementsystemen resultiert, kann an dieser Stelle nicht abschließend geklärt werden. Es sollen ferner Überlegungen aufgeführt werden, die Lösungsansätze des dargelegten Problems darstellen könnten.

In der derzeitigen Unternehmenspraxis finden häufig Mischformen des klassischen und agilen Projektmanagements Anwendung. Zusätzlich besteht eine Koexistenz der klassischen strategischen und der projektorientierten Unternehmensführung.[140] Damit sind Projekte Mittel zum Erreichen der durch die hierarchisch geprägte Unternehmensleitung festgelegten langfristigen Ziele. Da diese hierarchischen Strukturen bekannterweise zu starren Mustern mit eingeschränkter Kommunikation nach dem „top-down"[141] Prinzip führen, stehen diese Strukturen dem dynamischen und flexiblen Markt komplementär gegenüber. Folglich können komplexe Projekte in einem einschränkenden unternehmerischen Umfeld häufig nicht die Zeit- und Kostenvorgaben erfüllen. Daher wird der Wandel zu einer heterarchisch, also gleichberechtigt, geprägten Unternehmensstruktur als Lösung angeführt.[142] Innerhalb dieser Unternehmensstruktur werden Projektteams entsprechend der Projektaufgabe zeitweilig zusammengestellt und können ihre Kompetenzen und Ressourcen optimal auf die Lösung des individuellen Problems fokussieren. Weiter wird davon ausgegangen, dass sich die Projektteams auf die aus der Unternehmenssicht lukrativsten Projekte fokussieren würden, was eine Allokation von Kompetenzen zur größtmöglichen Steigerung des Unternehmenserfolges zur Folge hätte.[143]

Ein weiterer Lösungsansatz, vor allem für digitale Produkte, wäre eine Fokussierung auf die Produktentwicklung und eine Abkehr vom klassischen Projektmanagement zur Schaffung neuer IT-Lösungen. Die klassischen Projektmanagementmethoden, nach

---

[140] Vgl. Bea, u.a. (2011), S.761
[141] „top down": von oben nach unten, bezeichnet die Weitergabe von Informationen aus den oberen Hierarchieebenen zu den unteren Hierarchieebenen
[142] Vgl. Bea, u.a. (2011), S.762 ff.
[143] Vgl. Bea, u.a. (2011), S.763

denen ein vorab definiertes Ziel durch das Abarbeiten festgelegter Arbeitspakete erreicht wird, sind in dem modernen Unternehmensumfeld zu starr und unflexibel. Digitale Produktlösungen sind geprägt durch sich während der Entwicklungsphase ändernde Ziele und Kundenwünsche. Bei Verwendung des klassischen Projektmanagements besteht die Gefahr, dass die Ideen zu einem Produkt aus der Konzeptphase bis zu ihrer Marktreife bereits veraltet sind und die entwickelten IT-Produkte die Kundenbedürfnisse verfehlen. So gilt für viele Startups in der IT-Branche der Lean Ansatz, welcher eine dauerhafte Evaluierung der bereits erzielten Ergebnisse vorsieht und die Möglichkeit bietet, die Produktentwicklung nach der Evaluation in völlig andere Richtungen voranzutreiben.[144]

Zusammenfassend soll festgehalten werden, dass es bei der Vielzahl von unterschiedlichen Projekten in jeweils unterschiedlichen Unternehmens-, Branchen- und Produktkontexten keine allgemeingültige und optimale Lösung bezüglich eines erfolgsversprechenden Projektmanagements geben kann. Die Herausforderung besteht darin, für die individuellen Anforderungen ein Mix aus Methoden und Verfahren zu wählen. So ist beispielsweise für kleine IT-Startups die Flexibilität und Anpassungsfähigkeit im Projektmanagement ein erfolgsentscheidender Faktor, während für international tätige Großkonzerne eventuell die Einhaltung von Kosten- und Zeitzielen als wichtigste Anforderung gilt, da Projekte in diesem Kontext in der Regel weitaus kostenintensiver sind. Unabhängig von der Ausgestaltung des Projektmanagements wird es als wahrscheinlich angesehen, dass eine Unternehmensführung durch Projekte in Zukunft deutlich an Bedeutung gewinnt. Die Auflösung fester Strukturen zu Gunsten einer flexiblen, projektbezogenen Allokation von Wissen und Kompetenzen zur Lösung von sich rapide wandelnden Herausforderungen, könnte sich weiter durchsetzen.

---

[144] Vgl. Walg und Kalvelage (2017), aufgerufen am 19.10.17

IV Literaturverzeichnis

Literaturquellen

Aichele, Christian (2006): Intelligentes Projektmanagement. Stuttgart: Verlag W. Kohlhammer.

Aichele, Christian; Schönberger, Marius (2015): IT-Projektmanagement. Effiziente Einführung in das Management von Projekten. Wiesbaden: Springer Fachmedien

Ammenwerth, Elske; Haux, Reinhold (2006): IT-Projektmanagement in Krankenhaus und Gesundheitswesen. Stuttgart: Schattauer GmbH.

Bea, Franz Xaver; Scheurer, Steffen; Hesselmann, Sabine (2011): Projektmanagement. 2., überarbeitete und erweiterte Auflage. Konstanz, München: UVK Verlagsgesellschaft mbH.

Burghardt, Manfred (2013): Einführung in Projektmanagement: Definition, Planung, Kontrolle und Abschluss. 6., überarbeitete und erweiterte Auflage. Erlangen: Publicis Publishing.

Diethelm, G. (2000): Projektmanagement Band 1: Grundlagen, Verlag Neue Wirtschafts-Briefe GmbH & Co.

Dobler, Hugo; Führer, Andreas; Kneubühl, Daniel; Züger, Rita-Maria (2011): Organisation und Projektmanagement für technische Kaufleute und HWD. Zürich: Compendio Bildungsmedien.

Feng, Xiao; Popescu, Mariana (2011): Infrastrukturprobleme bei Bevölkerungsrückgang. Berlin: Berliner Wissenschaftsverlag GmbH.

Fiedler, Rudolf (2016): Controlling von Projekten. Wiesbaden: Springer Verlag.

Geiger, Ingrid Katharina (2009): Projektmanagement - Zertifizierung nach IPMA (3.0) -Ebenen D und C: Grundlagen und Kompetenzelemente, Methoden und Techniken mit zahlreichen Beispielen. Zürich: Compendio Bildungsmedien AG.

Heintel, Peter; Krainz, Ewald E. (2011): Projektmanagement. Hierarchiekrise. Systemabwehr. Komplexitätsbewältigung. 5., überarbeitete und erweiterte Auflage. Wiesbaden: Gabler Verlag.

Hesseler, M. (2007): Projektmanagement, Verlag Franz Vahlen GmbH

Hillberg, Kerstin (2017): Projektmanagement im Einkauf. Wiesbaden: Springer Verlag.

Huber, Markus; Huber, Gerda (2011): Prozess- und Projektmanagement für ITIL: Nutzen Sie ITIL optimal. Mörlenbach: Strauss GmbH.

Jenny, Bruno (2001): Projektmanagement in der Wirtschaftsinformatik. Zürich. Hochschulverlag AG.

Jenny, Bruno (2014): Projektmanagement: Das Wissen für den Profi. Zürich: vdf Hochschulverlag AG.

Jenny, Bruno (2016): Das Wissen für eine erfolgreiche Karriere. Projektmanagement. 5., überarbeitete und aktualisierte Auflage. Zürich: Vdf Hochschulverlag AG.

Kerzner, Harold (2009): Project Management. A Systems Approach to Planning, Scheduling and Controlling. Tenth Edition. New Jersey: John Wiley & Sons Inc.

Kuster, Jürgen (2011): Handbuch Projektmanagement. 3., erweiterte Auflage. Berlin, Heidelberg: Springer-Verlag.

Litke, Hans-Dieter (2005): Projektmanagement. Handbuch für die Praxis. Konzepte – Instrumente – Umsetzung. München, Wien: Carl Hanser Verlag.

Meyer, Helga; Reher, Heinz Josef (2016): Projektmanagement: Von der Definition über die Projektplanung zum erfolgreichen Abschluss, Springer Fachmedien Wiesbaden.

Olfert, Klaus (2014): Projektmanagement. Herne: NWB Verlag GmbH & Co.KG.

Pfetzing, Karl; Rohde, Adolf (2009): Ganzheitliches Projektmanagement. 3., überarbeitete Auflage. Gießen: Verlag Dr. Götz Schmidt.

Pröpper, Nils (2012): Agile Techniken für klassisches Projektmanagement: Qualifizierung zum PMI-ACP. Heidelberg, München, Landsberg, Frechen, Hamburg: Verlagsgruppe Hüthig Jehle Rehm GmbH.

Schiersmann, Christiane; Thiel, Heinz-Ulrich (2010): Organisationsentwicklung: Prinzipien und Strategien von Veränderungsprozessen. Wiesbaden: GWV Fachverlag GmbH.

Stelzer-Rothe, Thomas; Thierau-Brunner, Heike; Stötzer, Jürgen (2016): Projekte systematisch managen. Wie Sie soziale und rationale Prozesse in Projekten achtsam steuern. Berlin: BWV Berliner Wissenschaftsverlag.

Tautrim, Jörg (2015): Lean Production. Wesentliche Konzepte und Werkzeuge für mehr Effizienz in der Produktion. Berlin: Epubli GmbH.

Walter, Volker (2006): Projektmanagement: Projekte planen, überwachen und steuern. Norderstedt: Books on demand GmbH.

Weatherly, J. (2009): Handbuch systemisches Management: eine Anleitung für Praktiker. MWV Verlagsgesellschaft.

Witte, Frank (2015): Testmanagement und Softwaretest: Theoretische Grundlagen und praktische Umsetzung. Wiesbaden: Springer Fachmedien.

Wolf, Klaus; Runzheimer, Bodo (2003): Risikomanagement und KonTraG: Konzeption und Implementierung. Wiesbaden: Gabler Verlag.

Internetquellen

Buschhüter, Ole Thorben; Hamann, Jörg (2014): Bericht des Parlamentarischen Untersuchungsausschusses „Elbphilharmonie". Drucksache 20/11500. Hamburg: Bürgerschaft der Freien und Hansestadt Hamburg. Stand: 12.10.2017. URL: https://www.buergerschaft-hh.de/ParlDok/dokument/44803/bericht-des-parlamentarischen-untersuchungsausschusses-ProzentE2Prozent80Prozent9EelbphilharmonieProzentE2Prozent80Prozent9C.pdf

Blank, Thomas (2017): Projektphasenmodell. Stand: 21.10.2017. URL: https://dbs-lin.ruhr-uni-bochum.de/lehreladen/lehrformate-methoden/projektmanagement/3-auswahl-an-grundlegenden-methoden-instrumenten/projektphasenmodell/

Engel, Claus; Tamdjidi, Alexander; Quadejacob, Nils (2008): Ergebnisse der Projektmanagement Studie 2008. Erfolg und Scheitern im Projektmanagement. Gemeinsame Studie der GPM Deutsche Gesellschaft für Projektmanagement e.V. und PA Consulting Group. Stand: 10.10.2017. URL: https://www.gpm-ipma.de/fileadmin/user_upload/Know-How/Ergebnisse_Erfolg_und_Scheitern-Studie_2008.pdf

Fiedler, Jobst; Schuster, Sascha (2015): Studie: Großprojekte in Deutschland – Zwischen Ambition und Realität. Fact sheet 2. Berlin: Hertie School of Governance. Stand 11.10.2017. URL: https://www.hertie-school.org/fileadmin/2_Research/2_Research_directory/Research_projects/Large_infrastructure_projects_in_Germany_Between_ambition_and_realities/2_Der_Fall_Elbphilharmonie_Hamburg.pdf

Flyvbjerg, Bent; Budzier, Alexander (2011): Why your IT project might be riskier than you think. Brighton: Harvard Business Publishing. Stand: 13.10.2017. URL: https://hbr.org/2011/09/why-your-it-project-may-be-riskier-than-you-think

Kapalschinski, Christoph (2016): Geheimsache Elbphilharmonie. Erschienen im Handelsblatt. Stand: 12.10.2017. URL: http://www.handelsblatt.com/unternehmen/dienstleister/baukosten-hoeher-als-gedacht-geheimsache-elbphilharmonie/14792022.html

Klotz, Michael (2015): Projektmanagement-Normen und –Standards. Stralsund: SIMAT Stralsund Information Management Team. Stand: 16.10.2017. URL: http://www.simat-stralsund.de/uploads/media/SIMAT_AP07-15-029.pdf

Komus, Ayelt; Kuberg, Moritz (2015): Status Quo Agile. Studie zu Verbreitung und Nutzung agiler Methoden. Nürnberg: GPM Deutsche Gesellschaft für Projektmanagement e.V. Stand: 13.10.2017. URL: https://www.gpm-ipma.de/fileadmin/user_upload/Know-How/studien/Studie_Agiles-PM_web.pdf

o.V. (2003): Maut-Desaster. Toll Collect startet große Rückrufaktion. Stand: 13.10.2017. URL: http://www.spiegel.de/wirtschaft/maut-desaster-toll-collect-startet-grosse-rueckrufaktion-a-266912.html

o.V. (2007): Springer Gabler Verlag (Herausgeber), Gabler Wirtschaftslexikon, Stichwort: Management, online im Internet. Stand: 08.10.17. URL: http://wirtschaftslexikon.gabler.de/Archiv/55279/management-v9.html

o.V. (2010): bwl24.net – Die Ressourcenplanung. Stand: 13.10.2017 URL: https://www.bwl24.net/blog/2010/03/31/die-ressourcenplanung/

o.V. (2014): The Standish Group Report Chaos. Stand: 13.10.2017. URL: https://www.projectsmart.co.uk/white-papers/chaos-report.pdf

o.V. (2017a): Projektimpulse. Stand: 15.10.2017. URL: http://www.projektimpulse.de/projektmanagement_gpm_ipma/glossar_eintrag/glossarid:16/:planungsphase

o.V. (2017b): Projektmagazin. In fünf Schritten zum fertigen Kostenplan. Stand: 10.10.2017. URL: https://www.projektmagazin.de/artikel/fuenf-schritten-zum-fertigen-kostenplan-excel_1085633#main-content

o.V. (2017c): Mediencommunity. Projektmanagement in der Medienproduktion – Qualitätsplan. Stand: 10.10.2017. URL: https://www.mediencommunity.de/system/files/wbts/projektmanagement/le03/33_qualittsplan.html

o.V. (2017d): BWRmedia. Projektabschluss nach DIN 69905. Stand: 15.10.2017. URL: http://produktion.bwr-media.de/projektmanagement/projektsteuerung-und-controlling/projektabschluss-nach-din-69905?page=0,0

o.V. (2017e): Mediencommunity. Projektmanagement in der Medienproduktion – Auflösung der Projektorganisation. Stand: 15.10.2017. URL: https://www.mediencommunity.de/system/files/wbts/projektmanagement/le05/34_auflsung_der_projektorganisation.html

o.V. (2017f): Project, Projekte erfolgreich zum Abschluss bringen. Stand: 15.10.2017. URL:https://products.office.com/de-de/project/project-and-portfolio-management-software?tab=tabs-1

o.V. (2017g): Projektmanagement. Stand 15.10.2017. URL: https://products.office.com/de-de/project/project-management

o.V. (2017h): Project, Projekte erfolgreich zum Abschluss bringen. Stand: 16.10.2017. URL: https://products.office.com/de-de/project/project-portfolio-management

o.V. (2017i): Business Intelligence auf bisher ungekanntem Niveau. Stand: 17.10.2017. URL: https://powerbi.microsoft.com/de-de/

o.V. (2017j): Project, Ressourcenmanagement. Stand: 19.10.2017. URL: https://products.office.com/de-de/project/resource-management

o.V. (2017k): Project, Ressourcenmanagement. Stand: 19.10.2017. URL: https://products.office.com/de-de/project/project-and-portfolio-management-software?tab=tabs-3

o.V. (2017l): Project, Projekte erfolgreich zum Abschluss bringen. Stand: 16.10.2017. URL: https://products.office.com/de-de/project/project-and-portfolio-management-software?tab=tabs-1 Schaltfläche Lösungen- Branchenlösungen

o.V. (2017m): Project, Projekte erfolgreich zum Abschluss bringen. Stand: 21.10.2017. URL: https://support.office.com/de-de/article/Project-ProzentE2Prozent80Prozent93-Schnellstart-783c8570-0111-4142-af80-989aabfe29af?ui=de-DE&rs=de-DE&ad=DE#ID0EAABAAA=Erstellen_eines_Projekts

o.V. (2017n): Projektnachwuchs, Terminliste Erstellen. Stand: 14.10.2017. URL: http://projektnachwuchs.de/terminliste/

o.V. (2017o): Die teuersten Gebäude weltweit. Stand: 12.10.2017. URL: https://www.emporis.de/statistics/most-expensive-buildings

o.V. (o.D.): Projektmanagement: Definitionen, Einführungen und Vorlagen- Gantt-Diagramm. Stand: 15.10.2017. URL: http://projektmanagement-definitionen.de/glossar/gantt-diagramm/

o.V. (o.D. a): Projektmanagement-Definitionen. Projektmanagement: Definitionen und Vorlagen – Kostenplanung. Stand: 07.10.2017. URL: http://projektmanagement-definitionen.de/glossar/kostenplanung/ (07.10.17)

Plewa, Werner (o.D.): PMP-Zertifizierung nach PMI: Wissensgebiete und Inhalte. Kayenta Training und Beratung. Stand: 16.10.2017. URL: https://www.kayenta.de/training-seminar/artikel/pmp-zertifizierung-nach-pmi-wissensgebiete-und-inhalte.html

Präsident der Leibnitz Universität Hannover (2009): Projektmanagement Handbuch für Projekte der Leibnitz Universität Hannover. Stand: 25.10.2017. URL: https://www.uni-hannover.de/fileadmin/luh/content/dezernat1/200911_pm_handbuch_luh.pdf

Schmehr, Werner; Patzak, Gerold; Eysel, Dieter (2013): ICB - IPMA COMPETENCE BASELINE Version 3.0. in der Fassung als DEUTSCHE NCB 3.0 NATIONAL COMPETENCE BASELINE der PM-ZERT Zertifizierungsstelle der GPM e.V. Nürnberg: GPM Deutsche Gesellschaft für Projektmanagement e.V. Stand: 15.10.2017. URL: https://www.gpm-ipma.de/fileadmin/user_upload/Qualifizierung___Zertifizierung/Zertifikate_fuer_PM/National_Competence_Baseline_R09_NCB3_V05.pdf

Schoper, Yvonne; Schneider, Sabrina; Schneider, Christoph; Futterer, Fabian (2013): 4. GPM Gehalts- und Karrierestudie für Projektpersonal 2013. Nürnberg: GPM Deutsche Gesellschaft für Projektmanagement e.V. Stand: 15.10.2017. URL: https://www.gpm-ipma.de/fileadmin/user_upload/Know-How/studien/131014_GPM-GehaltsbroschProzentC3ProzentBCre_web.pdf#page=13

Walg, Christopher; Kalvelage, Peter (2017): Produkt statt Projekt. Klassisches Projektmanagement scheitert. München: IDG Business Media GmbH. Stand: 19.10.2017. URL: https://www.cio.de/a/klassisches-projektmanagement-scheitert,3251258

Zell, Helmut: Projektmanagement: Durchführung und Kontrolle. Remagen. Stand: 17.10.2017. URL: http://www.ibim.de/projekt/4-1.htm